Wilhelm Lübke

Bericht über die künstlerische Abteilung der allgemeinen Ausstellung zu Paris

Auf Veranlassung des K. Württembergischen Kultministeriums

Wilhelm Lübke

Bericht über die künstlerische Abteilung der allgemeinen Ausstellung zu Paris
Auf Veranlassung des K. Württembergischen Kultministeriums

ISBN/EAN: 9783743634763

Hergestellt in Europa, USA, Kanada, Australien, Japan

Cover: Foto ©Thomas Meinert / pixelio.de

Weitere Bücher finden Sie auf **www.hansebooks.com**

Bericht

über die künstlerische Abtheilung

der

Allgemeinen Ausstellung zu Paris.

Von

Wilhelm Lübke.

Auf Veranlassung des K. Württembergischen Kultministeriums.

Stuttgart.
Ebner & Seubert.
1867.

I.

Wenn in diesen Blättern der Versuch unternommen wird, von der künstlerischen Abtheilung der Weltausstellung des Jahres 1867 ein Bild zu entwerfen, so hat der Verfasser vorab zu bemerken, dass ihm nur wenige Wochen zum Studium der Ausstellung zur Verfügung standen, während die fast unabsehbare Fülle des Anziehenden und Bedeutenden ebenso viele Monate zum gründlichen Erschöpfen des Stoffes erfordert haben würde. Gleichwohl haben sich selbst bei kürzerem Verweilen die zahlreich empfangenen Eindrücke zu gewissen festen Anschauungen, zu bestimmten Ergebnissen verdichtet, von welchen wir im Folgenden Rechenschaft zu geben beabsichtigen.

Das Ausstellungsgebäude auf dem Marsfelde übertrifft an Grösse alle früheren zu ähnlichen Zwecken errichteten „Glaspaläste." Sein Grundriss bildet, an die römischen Amphitheater erinnernd, ein Oval von 1165 rhein. Fuss Breite und 1500 Fuss Länge, im Mittelpunkt einen Garten von 165 zu 500 Fuss einschliessend. Diese ungeheure Arena, dem friedlichen Wettkampf aller Völker errichtet, hat gleichwohl dem Bedürfnisse nicht zu genügen vermocht, so dass zahlreiche „Annexe", selbständige kleine Gebäude, in dem weiten, den Mittelbau umgebenden Park angelegt werden mussten. Den Hauptbau durchschneiden in den beiden Axen grosse Verbindungsgänge, von denen der nach dem Flusse gerichtete als Haupteingang in der Breite und Höhe eines mächtigen Kirchenschiffes angeordnet und in seinen Oberfenstern mit ausgestellten Glasgemälden geschmückt ist. Zwischen diesen vier Hauptgängen theilen zwölf weitere Corridore radienartig die vier grossen Abschnitte des Gebäudes zu einer Anzahl keilförmiger Segmente ab, in welchen die entsprechenden Ausschnitte den einzelnen Nationen zugetheilt sind. Diese Anordnung ist ebenso geistreich erfunden als zweckmässig durchgeführt; denn sie erleichtert und fördert den Hauptzweck solcher Ausstellungen, das vergleichende Studium. In den Radien vom äussern Umkreis nach dem Centrum vorschreitend, gewinnt man ein übersichtliches Bild der Hervorbringungen jedes einzelnen Landes, von der Maschine und den Rohstoffen durch alle Gegenstände der Ausstattung des Menschen und seiner Wohnung bis zur Spitze und Blüthe aller Kulturentfaltung, zu Kunst und Wissenschaft. In den grossen concentrisch laufenden elliptischen Gängen sich bewegend, durchwandert man der Reihe nach alle gleichartigen Schöpfungen der verschiedenen Völker, so dass dem Beschauer die Parallelen sich wie von selbst aufdrängen. In Würdigung dieser Vorzüge muss man der Anlage des Gebäudes den vollständigen fast grundsätzlichen Mangel jedes künstlerischen Elementes nachsehen, der weder aussen noch innen irgendwie eine grossartigere Raum- oder Massenwirkung erkennen lässt. In dieser Hinsicht steht immer noch der Glaspalast von Sydenham unerreicht da, dessen glückliche Massengliederung sowohl für das Aeussere einen grossartigen architektonischen Eindruck, als im Innern schöne perspektivische Wirkungen erzeugt.

Hat das Pariser Ausstellungsgebäude somit in der Gesammtform auf jeden architektonischen Anspruch verzichtet, so ist es diesem Verfahren auf dem ganzen Wege der Ausführung auch in den einzelnen Theilen treu geblieben: überall nur das nüchtern Nothwendige der Construktion, nirgends auch nur der Versuch, das Zweckmässige dem Auge wohlgefällig zu gestalten. Man hat es den einzelnen Staaten überlassen, ob sie den für sie bestimmten Räumen eine architektonische Gesammthaltung geben wollten. Einige haben sich dieser Mühe vollständig überhoben, wie denn z. B. die Front der belgischen Abtheilung, obwohl sie die eine Seite des grossen, von der Militärschule hineinführenden Hauptganges einnimmt, die nackten Eisengerüste in ihrer Rohheit blicken lässt, während die andere Seite desselben Ganges durch Preussen mit einer geschmackvollen Renaissance-Architektur verkleidet worden ist. In der würdigen künstlerischen Umrahmung seines Raumes hat überhaupt Preussen wohl alle übrigen Staaten auf der

Ausstellung übertroffen, denn die ziemlich wild barocke Architektur des auf Frankreichs Rechnung fallenden Hauptvestibüls ist um so weniger mustergültig zu nennen, als die bedeutenden Dimensionen gerade an dieser Stelle den künstlerischen Genius wohl zu etwas Besserem hätten begeistern können. Dagegen hat Frankreich freilich in der ganzen Hälfte des ungeheuren Gebäudes, welche es für sich in Anspruch genommen und von der es bloss an Belgien und Holland einen kleinen Streifen abgelassen hat, durch geschmackvolle Austapezierung und wirkungsreiche Anordnung jene bekannte Ueberlegenheit entfaltet, die wir nicht gering schätzen, von der wir vielmehr Manches lernen dürften, weil auch darin sich ein nicht zu verachtendes künstlerisches Talent zu erkennen gibt.

Um so bunter geht es in der andern grossen Hälfte zu, in welche sich alle übrigen Völker der Erde theilen müssen. Namentlich gilt das von der mittleren Partie, wo eine Anzahl untergeordneter Industrieländer in schmalen Streifen dicht an einander stossen. Dort durchläuft man mit wenig Schritten die phantastisch maurischen Formen Spaniens, die streng klassischen Griechenlands und die originellen Holzbaustyle Skandinaviens und Russlands, welch letzteren man in Hinsicht auf naiven und charakteristischen Ausdruck vielleicht den Vorzug vor allen andern dieser dekorativen Umrahmungsbauten geben wird. Russland hat nicht bloss die Front seiner Abtheilung, sondern im Innern sämmtliche Gehäuse und Kasten, ja selbst die abschliessenden oberen Wandfriese mit diesen leicht herzustellenden und doch so individuell und frisch, wenn auch bisweilen etwas wunderlich dreinschauenden Formen ausgestattet. Zu diesen dekorativen Anordnungen lässt sich endlich noch der grosse in prunkvoll römischem Style errichtete Triumphbogen zählen, in welchem die preussischen Marmorbrüche Schlesiens schöne Proben ihrer Produkte zur Anschauung gebracht haben; ein Bau, mit dessen Formen wir ganz einverstanden sein könnten, wenn man nicht die Geschmacklosigkeit begangen hätte, auf die Ecken seiner Plattform Fahnenbüschel zu stecken, statt ihn mit architektonischen oder noch besser mit plastischen Gebilden aus ebenbürtigem Material zu bekrönen.

Um nun zur Betrachtung der ausgestellten Kunstwerke überzugehen, wird eine nach den Angaben des allerdings unvollständigen und äusserst incorrekten Katalogs entworfene statistische Uebersicht nicht unnütz sein. Wir zählen im Ganzen 3973 Kunstwerke, die indess leicht über 4000 gestiegen sein mögen, da viele wirklich ausgestellte Werke im Katalog keinen Platz mehr gefunden haben. Von dieser Gesammtzahl kommt der Löwenantheil, ein volles Viertel, 1043 Nummern, auf Frankreich. Alle anderen Länder stehen an Zahl weit zurück; am nächsten kommt England mit 563 Nummern. Erst in die dritte Linie würde, wenn man das gesammte Deutschland mit Ausnahme Oesterreichs als geschlossene Abtheilung vorfände, unser Vaterland mit der auch dann noch kargen Ziffer von 555 Kunstwerken treten. Da wir aber in alter Zersplitterung vorgezogen haben, uns in vereinzelte Gruppen zu verzetteln, so stehen wir auf der Stufenleiter noch um einige Sprossen tiefer. Sodann kommt, wenn man wie billig Italien und den Kirchenstaat, welch letzterer sich auch gegen den künstlerischen Anschluss sträubt, zusammenzählt, die alte Heimat der Künste mit nicht mehr als 301 Nummern. Bayern folgt selbständig mit 297, dicht darauf Belgien mit 281 und sodann die Schweiz mit 214 Kunstwerken. Von diesen drei Ländern hat jedes seine Kunstwerke in besonderen Annexen aufgestellt, unter denen der schweizerische an künstlerischer Ausbildung den ersten Rang einnimmt. Die Eidgenossenschaft, welche, zum Theil nicht mit Unrecht, bisher wegen der überwiegenden Pflege materieller Interessen berufen war, hat dadurch einen neuen Beweis geliefert, dass ihr auch Höheres am Herzen liegt, und wenn auch der Gehalt ihrer künstlerischen Abtheilung dem schönen Gehäuse nicht ganz entspricht, so ist immerhin der Eifer für diese ideale Seite der Ausstellung anzuerkennen. Es reiht sich dann Holland mit 202, der norddeutsche Bund mit 200, Oesterreich mit 193 Werken an, woraus hervorgeht, dass namentlich das nördliche Deutschland sich weit unter seiner wirklichen künstlerischen Bedeutung, schon der Zahl nach, präsentirt hat. Dies ist um so mehr zu beklagen, als hauptsächlich durch die Lauigkeit des Nordens unser Vaterland so geringe Vertretung in der Kunstabtheilung gefunden hat. Wäre dort derselbe Eifer entfaltet worden, durch welchen Bayern sich auszeichnet, so würde das Resultat ein anderes sein. So aber werden übelwollende Stimmen sicher nicht fehlen, die überhaupt die Kunst des nördlichen Deutschlands, d. h. also Berlins, Düsseldorfs, Dresdens, Weimars,

Königsbergs u. s. w. als eine schlechthin untergeordnete zu verschreien ein Vergnügen finden.

Unter den übrigen Staaten steht Russland mit 110 Kunstwerken voran. Es folgen die Vereinigten Staaten Nordamerika's mit 95, Schweden mit 66, Spanien mit 60, dann die süddeutschen Staaten, Bayern ausgeschlossen, mit 58 Nummern; weiter Dänemark mit 57, die englischen Colonien mit 47 und Norwegen mit ebensovielen Kunstwerken, unter denen wir, wie unter den schwedischen, sogar je ein Gemälde Sr. Majestät des regierenden Königs finden. Die übrigen Länder reihen sich so an: Portugal mit 42, Griechenland mit 32, Aegypten mit 26, die Türkei mit 25, Brasilien mit 13 Kunstwerken, und endlich schliessen China mit 2 und das Fürstenthum Liu-Kiu, als dessen einzigen Aussteller wir S. Hoheit Matsdaira Schirino Saibon Minamfto no Modjihisa kennen lernen, mit einer einzigen Nummer den Reigen.

Alle diese Kunstwerke vertheilen sich in 5 Klassen: 1) Oelgemälde, 2) andere Malereien und Zeichnungen, 3) Sculpturen und Medaillen, 4) Pläne und Modelle von Bauwerken, 5) Stiche und Lithographieen. Der Zahl und dem innern Werthe nach stehen begreiflicher Weise die Gemälde in erster Linie, obwohl bei einzelnen Ländern, wie Italien und Griechenland, die Sculpturwerke wenigstens an Zahl den Schöpfungen der Malerei überlegen sind. Wir beginnen mit der in unserer Zeit tonangebenden Kunst der Malerei.

Es wird zweckmässig sein, zuerst die Leistungen der Franzosen ins Auge zu fassen. Sie haben am meisten dafür gesorgt, die Schöpfungen des letzten Decenniums in geschlossener Phalanx, in fast vollständiger Uebersicht vorzuführen. Wenn wir die in zwei gewaltigen Sälen und einigen anstossenden Räumen geschickt vertheilten Gemälde überschauen, so lässt sich nicht läugnen, dass der Gesammteindruck ein imponirender ist. Unter diesen 625 Nummern ist kaum etwas Werthloses oder ganz Unbedeutendes. Wo der Gegenstand nicht fesselt, da übt wenigstens die Art der Behandlung Anziehungskraft. Die Technik zeigt sich im Ganzen auf beachtenswerther Höhe. Das Streben nach coloristischem Reiz, nach Harmonie, Kraft und Wahrheit der Färbung hat bedeutende Erfolge aufzuweisen. Dennoch wird es gerathen sein, auf die Meister der früheren Epoche, auf die Ingres, Delaroche, Leopold Robert, Horace Vernet, Delacroix, welche die jetzige Generation weit überflügelt zu haben meint, nicht mit Geringschätzung herabzublicken. Im Ganzen und Grossen hatten jene Meister doch eine erhabenere Idee von der Kunst, steckten sich ihre Ziele höher und machen in ihren Werken immer noch einen ungleich bedeutenderen, nachhaltigeren Eindruck, als die Koryphäen der Kunst des zweiten Kaiserreichs. Selbst der unläugbare technische Fortschritt ist nur bedingt als ein Fortschritt einzuräumen, da die heutige Ausbildung einen zu einseitig äusserlichen Weg betreten hat und meistens noch weit von jenem wahrhaften Stylgefühl entfernt ist, welches alle grossen Koloristen der Vergangenheit auszeichnet: jener unerlässlichen Uebereinstimmung zwischen Inhalt und Form. Diese Beobachtung drängt sich sogleich mit schlagender Nachdrücklichkeit auf bei einem der höchstgefeierten preisgekrönten Künstler der neuesten Zeit, *Gérôme*. In nicht weniger als 13 Bildern spricht sich die Eigenthümlichkeit des Meisters mit hinreichender Klarheit aus. Vier davon sind der antiken Geschichte entlehnt, sechs haben ihren Stoff aus dem Orient, die übrigen drei bewegen sich auf dem Boden modernen Kulturlebens. Geradezu misslungen sind sämmtliche antike Darstellungen trotz allen Aufwandes archäologischen Detailkrams. Der Tod Cäsar's zeugt von einer fast komischen Armseligkeit der Phantasie; Phryne vor den Richtern, durch ihren Vertheidiger entblösst, um ihre Unschuld darzuthun, bringt anstatt der durch Schönheit geadelten Sinnlichkeit Griechenlands das peinliche Schauspiel einer greisenhaft impotenten modernen Lüsternheit; die beiden Auguren, die einander begegnend in Gelächter ausbrechen, sind ein an sich schon widerstrebender Gegenstand, der durch die Behandlung Gérôme's nicht gewinnt; die Gladiatoren im Circus endlich, die ihren Umzug halten, während die Leichen ihrer gefallenen Kameraden mit eisernen Haken aus der Arena beseitigt werden, sind ebenfalls wenig erquicklich. Die saubere Vollendung, mit der diese Bilder ausgeführt sind, steht im schroffsten Gegensatz zu ihrem Inhalt. Glücklicher trifft Gérôme den Ton des Orients, zu dem die Franzosen in ihrer neusten Entwicklung eine immer intimere Wahlverwandtschaft verrathen. Von grosser Wahrheit ist ein kleines Bild, auf welchem ein Gefangener, an Händen und Füssen in türkischer Weise gefesselt, den Fluss hinab transportirt wird. Daran schliesst sich die Darstellung einer Almé, die einer Anzahl rauchender Türken mit wollüstigen Gliederverrenkungen ihre Tänze vorführt. Was soll man aber zu dem zierlichen Bildchen sagen, welches die Pforte der Moschee El Assaneyn in Kairo, geschmückt mit einer Anzahl frisch abgehauener Türkenköpfe, zeigt. Wenn Meister wie Delacroix oder Robert-Fleury Schauerscenen aus der Nachtseite des Lebens darstellten, so führten sie ihren Pinsel mit jener kühnen leidenschaftlichen Gewalt, die uns fieberhaft ergreift und das Entsetzliche selbst als dämonischen Ausbruch einer historischen Nothwendigkeit empfinden macht. Wenn aber ein Gérôme mit dem Pinsel eines Van der Werff in elfenbeinerner Glätte und miniaturhaftem Maassstab brutale Schlächtereien aufs Zierlichste servirt, so liegt darin eine Empfindungsrohheit, die mit der wahren Kunst nichts gemein hat. Das einzige wirklich erfreuliche, durch geistreiche Feinheit anziehende Bild des Künstlers ist Ludwig XIV. bei Tisch mit Molière, beim Eintreten der erstaunten Hofleute, die des Dichters Gesellschaft für nicht standesgemäss erklärt hatten.

Von einer andern gefeierten und ehrengekrönten Grösse der neuesten Schulen, *Alexandre Cabanel*, konnte man durch die sechs ausgestellten grossen Bilder ebenfalls eine genügende Anschauung gewinnen. Die vielberufene Geburt der Venus, die durch einen Faun geraubte Nymphe, beide dem Kaiser Napoleon gehörend, sowie die Vertreibung aus dem Paradiese, nach Angabe des Katalogs für den König von Bayern ausgeführt, sind Bilder, die mit tüchtigem Formenstudium und fein nüancirter Zeichnung doch in der Empfindung und der etwas fahlen Pfirsichblüthe ihres Fleisches höchstens an die Eigenschaften der Nymphenmaler des vorigen Jahrhunderts heranstreifen, ohne doch ihre graziöse Ausgelassenheit zu erreichen. Wenn das neuerdings wieder zur Mode gekommene Rococo sich auch seine gefälligen Hofmaler schafft, die den Boucher und Pater nacheifern, so hat der wirkliche Fortschritt der Kunst damit nichts zu thun. Als gefeierter Modemaler ist Cabanel noch durch drei fast lebensgrosse Portraits vertreten, die zwar gut gemalt, aber mit Ausnahme eines weiblichen Bildnisses geistlos unbedeutend sind, und dies gilt sowohl von der glatten Salonerscheinung des Ministers Rouher, wie mehr noch von dem faden Bilde des Kaisers. Wie hoch steht darüber das meisterhafte Bildniss dieses merkwürdigen Herrschers, das als eines der letzten Zeugnisse der genialen Kunst des verstorbenen *Hippolyte Flandrin* wohl den ersten Rang unter allen Portraits der Ausstellung einnimmt.

Den Bildern Cabanel's gegenüber hat *Landelle* mit mehreren Arbeiten Platz gefunden, unter denen wieder eine üppig ausgestreckte Venus die Blicke auf sich zieht. Alle derartigen Bilder, mit so viel Aufwand von Talent und Geschicklichkeit sie gemalt sind, lassen uns doch die reine Stimmung vermissen, durch welche das bloss Sinnliche in den Kreis des künstlerisch Schönen eintritt. Wer die nackten Frauengestalten von Ingres gesehen hat, wird sofort den Abstand erkennen. Uebrigens ist auch Landelle am glücklichsten im Orient zu Hause, und seine Fellahfrau, in den warmen Farbenschmelz des kleinasiatischen Himmels getaucht, muss als eine wahrhaft poetische, fein charakterisirte Volksgestalt unbedingt erfreuen. Hier seien sogleich von den Darstellern orientalischer Volksscenen *Fromentin* mit mehreren in. Farbenstimmung und Ausdruck meisterhaften Bildern, *Alexandre Bida* mit einigen tüchtigen Zeichnungen angeschlossen. Dem koloristischen Reiz und einem in's Schwermüthige gesteigerten Ausdruck geht *Hébert* in seinen Bildern aus dem italienischen Volksleben nach, unter denen die Rosa nera beim Brunnen, die Schwarze Perle, die Frauen von Cervara sich durch eine tiefe malerische Stimmung, mit welcher meist ein brütender melancholischer Ausdruck verbunden ist, auszeichnen. Doch wird er zuweilen dem plastischen Zuge des italienischen Volkslebens zu wenig gerecht. In dieser Hinsicht sind die kleinen Bilder von *Bonnat*, Meisterstücke eines tief kräftigen Kolorits, rühmlich hervorzuheben. Auch *Curzon* bringt einige gute, doch etwas äusserliche Bilder italienischen Volkslebens.

Einen seltsamen Versuch hat *Dubufe*, den man sonst aus manchen gut gemalten Portraits kennt, mit der Parabel vom verlorenen Sohne gemacht. Auf einem anspruchsvollen Bilde von riesigen Dimensionen führt er eine ganze Gesellschaft lockerer Damen und lustiger Herren im Renaissancekostüm vor und macht einen erheblichen Aufwand von prächtiger Garderobe und anderem Beiwerk, alles das nur zu dem Zwecke, einen unbedeutenden jungen Menschen zu verführen. Hat dem unternehmenden Künstler die Gesellschaft eines Paul Veronese vorgeschwebt, so muss man sagen, dass kein Hauch von dem adligen

Wesen, der vornehmen Lebensfreiheit, der die Gestalten des Venetianers umspielt, zu spüren ist, und dass in seinem bunten Bilde auch die noble Farbenfreudigkeit fehlt, welche die Gastmahle Paolo's auszeichnet. Wunderlich genug sind nach Art der Flügelaltäre zwei halb so breite Abtheilungen hinzugefügt, auf welchen der verlorene Sohn beim Schweinehüten und bei der reuevollen Rückkehr ins Vaterhaus Grau in Grau dargestellt ist.

Geben solche Seltsamkeiten den Beweis, mit welch unruhiger Hast die heutige französische Kunst im Gebiet der Stoffe wie der Formen nach Neuem umhertappt, so zeigt dagegen kaum ein anderer unter der grossen Schaar der französischen Künstler ein so unbeirrtes Wollen, eine solche Meisterschaft des Könnens und jene wie eine Himmelsgabe fast nur bei den alten Meistern anzutreffende, auf sich selbst ruhende sichere Gediegenheit wie *Ernest Meissonier*. Vierzehn seiner unvergleichlichen Kabinetsbilder neben einander vereinigt zu sehen, ist ein seltenes Glück und einer der ungetrübtesten künstlerischen Genüsse, welche die Ausstellung bietet. Er ist ein Kleinmeister von einer Vollendung, künstlerischen Stimmung und Harmonie, wie sie nur bei den alten holländischen Malern dieser Gattung gefunden wird. Und bei höchster Zierlichkeit und geradezu winzigem Format weiss sein Pinsel eine Keckheit in breit und fett aufgesetzten Tönen zu entfalten, die fast räthselhaft erscheint. Am liebsten bewegt er sich in einer malerisch ergiebigeren Vergangenheit, deren Gestalten er uns in vertraulichste Nähe zu rücken weiss. Selbst die volle Bestimmtheit geschichtlich bedeutsamer Vorgänge spiegelt er meisterhaft in seinen winzigen Figürchen. Unübertrefflich in dieser Hinsicht ist eine Scene aus den Kriegen der Republik, wo General Desaix von einem gefangenen Bauern Erkundigungen einzieht. Von ergreifendem historischen Ausdruck auch Napoleon im Feldzuge von 1814, an der Spitze seines Generalstabes unter einem bleigrauen Himmel auf grundlosen, von Schnee und Morast angefüllten Wegen dahin reitend. Kaum jemals in so vielen grossen Geschichtsbildern ist das dämonisch Schicksalvolle so mächtig im Kopfe des Kaisers zum Ausdruck gekommen, wie in diesem miniaturhaft kleinen Bildchen. Dagegen hat die Aufgabe, den jetzigen Kaiser mit seiner Umgebung bei Solferino darzustellen, zu keiner ähnlich geistreichen Lösung geführt.

Einen vollen Gegensatz zu diesen kleinen Meisterstücken bilden einige kolossale Gemälde, welche dem Kriegsruhm des zweiten Kaiserreichs gewidmet sind. Seit Horace Vernet's lebensprühenden Darstellungen ist der riesige Maassstab für diese Bilder beliebt geworden. Es genüge hier, kurz auf das sehr tüchtige Bild von *Augustin Pils*, die Schlacht an der Alma, hinzuweisen. Minder erfreulich ist eine eben so grosse Leinwand desselben Künstlers, auf welcher ein dem kaiserlichen Paar zu Algier gegebenes Fest in gar zu stofflich bunter Farbenpracht geschildert wird. Dagegen sieht man von Pils mehrere vorzügliche Aquarellstudien ausgestellt. Manche tüchtige Einzelheiten finden sich auch auf den beiden grossen Schlachtbildern von *Adolphe Yvon*, die Kehle des Malakoff und die Einnahme des Thurmes. Wie im Massenkampf des modernen Schlachtgetümmels dem unbewaffneten Auge jede Uebersicht verloren geht, so hat auch die Kunst aus solchen Aufgaben nur für das Episodische Gewinn zu schöpfen. Daher sind solche Künstler im Vortheil, die mit Verzicht auf grosse Gesammtschilderungen mehr den interessanten Einzelzügen des Kriegslebens nachgehen. Das hat *Armand-Dumaresq* mit seiner Episode aus der Schlacht von Solferino trefflich verstanden. Eine Abtheilung Jäger hat auf einer Anhöhe Posto gefasst und erwartet, bäuchlings auf den Boden ausgestreckt und in kecker Verkürzung uns die Sohlen ihrer Füsse entgegenkehrend, eine heranjagende flüchtende österreichische Batterie. Schlagender, realistischer konnte die Scene nicht gegeben werden. Anziehender indess ist *Alexandre Protais*, der in seinen Bildern: Morgens vor dem Angriff, und Abends nach dem Kampfe, sowie in der siegreichen Rückkehr ins Lager die Stimmung solcher Momente des Kriegslebens ohne Uebertreibung bis ins Ergreifende spannt.

Zu den gesündesten und erfreulichsten Erscheinungen der modernen Kunst gehört die Schilderung des Landvolkes bei der Feldarbeit oder sonst in seinen schlichten Beziehungen zum Naturleben. Hier steht *Jules Breton*, von welchem die Ausstellung eine Reihe von zehn köstlichen Bildern aufweist, oben an. Es ist etwas von rührend stillem Naturgottesdienst in dem Ernst, mit dem seine Landleute ihrer Arbeit obliegen. Alle sind nur um der Sache willen da, keines weiss etwas vom Beschauer, und in dieser keuschen Absichtslosigkeit, breit und meisterhaft hingesetzt in warmer Färbung, mit freiem Erfassen der

Wirklichkeit üben diese Gestalten den hinreissenden Zauber aus, der dem ungesucht Natürlichen als schönster Vorzug eignet. Ohne den Typus der Landleute seiner Heimath künstlich zu steigern, weiss der Meister namentlich Mädchengestalten zu schaffen, die in der adelnden Bewegung der Arbeit einen vollendet plastischen Rhythmus entfalten. Manchmal liebt er sie bei tief einbrechender Dämmerung noch auf dem Felde beschäftigt wie die Jäterinnen, oder von der Arbeit sich zur Heimkehr wendend wie die Aehrenleserinnen darzustellen, wo dann ein letztes Licht, über die Gestalten hinstreifend, der Scene noch eine ernstere, tiefpoetische Stimmung gibt. Oft glaubt man das träumerisch Dumpfe, das ahnungsvoll Brütende der noch ungeweckten Volksseele in einer einzigen Gestalt, wie z. B. dem Mädchen, welches Truthühner hütet, zusammengefasst zu sehen. Auch grössere Compositionen, wie die Procession durch die Felder und die andere Procession mit einem aufzurichtenden Crucifixbilde, weiss der Künstler meisterhaft durchzuführen und den stillen Ernst der Landleute bei solchen religiösen Handlungen mit ergreifender Wahrheit zu schildern. Aber er führt uns auch in die Wohnung eines kleinen Landmanns und lässt uns schauen, wie die Tochter dem in Arbeit und Lebensnoth durchwetterten Vater mit treuer Hingebung und sichtlich nicht ohne Anstrengung aus einem Andachtsbuche vorliest. Das Treue, Unberührte, fast antik Gediegene solcher Gestalten, wie hoch erhebt es sich über den hundertfach gesehenen Typus jener aufgeputzten, koquettirenden Landmädchen, die auf den modernen gemalten Dorfgeschichten fast unvermeidlich sind.

Nicht eben so anziehend sind die Landleute, welche *François Millet* auf neun Bildern in ihren verschiedenen Feldarbeiten darstellt. Hier herrscht derselbe Ernst, die gleiche Wahrheit und eine nicht geringere Innigkeit des Empfindens; nur dass Millet jeder Linie von Anmuth oder Adel geflissentlich aus dem Wege geht und mit realistischem Eigensinn lieber abstossen, als durch eine Concession an die Schönheit fesseln will. Auch ist die Zeichnung der Gestalten nicht so frei plastisch durchgebildet, das Colorit etwas trübe verwischt, die Pinselführung wollig getupft. Dennoch ist eine solche Gefühlswärme und Lebenskraft in diesen Bildern, dass man mit jedem Male lieber zu ihnen zurückkehrt. Der Feldarbeiter, der beim Klange der Abendglocke innehaltend und auf seinen Spaten gestützt den „englischen Gruss" betet, ist ohne allen sentimentalen Anhauch einfach rührend; der Tod und der Holzhacker vollends hat etwas von der grandiosen markerschütternden Kraft der alten Todtentänze. Zwei andere Maler, allerdings ungleich weniger tief und ernst als die beiden genannten, wissen das Landleben des Elsass zu immerhin ansprechenden Genrebildern zu verwerthen: *Gustave Brion* mit seinen Pilgern von St. Ottilien, einem guten, frisch gemalten Bild, und *Marchal*, der uns Elsässer Bauern in der Schenke, etwas nüchtern und plump, vorführt. Ein anderes Bild zeigt junge Elsässerinnen, früh Morgens den Lutherchoral singend, ein drittes den Mägdemarkt zu Buxwiller mit recht glücklichem Humor. Zu diesen Volksmalern sind noch zu rechnen *Alexandre Guillemain* mit seinem ansprechenden „Sonntag Morgen" und *Laugée* mit seiner heiligen Elisabeth, die den Armen die Füsse wäscht, wobei die Königin jedoch minder gelungen ist.

Schon aus dem bisher Beobachteten ergibt sich, dass der Zug der modernen französischen Malerei auf's Entschiedenste zum Realismus geht, sowohl was die Gegenstände als die Behandlung betrifft. Gering ist die Zahl derer, die auf idealem Gebiet sich bewegen, und noch geringer die Theilnahme des Publikums an solchen Werken. Man sieht derartigen Leistungen gleich das künstlich Erzwungene, mehrfach selbst das akademisch Befangene an, wie den Werken von *Bouguereau*, so edel immer die Absicht und so gut manches in ihnen ausgeführt ist. Theils dürftig, theils affektirt zeigt sich *Armand Cambon*; wunderlich übertrieben *Gustave Moreau* in der Darstellung einer Jungfrau, die den an's Ufer geworfenen Kopf und die Lyra des Orpheus sentimental einherträgt; ins Weichliche fällt *Jalabert*, dessen Süsslichkeit bei religiösen Bildern, wie dem über das Meer wandelnden Christus peinlich mit dem Ernst des Gegenstandes kontrastirt. Wo vollends eine eigentliche Gedankenmalerei sich hervorwagt, da verfällt sie der blassesten Abstraktion, wie die wunderlichen Schemen, in welchen *Puvis de Chavannes* Krieg, Frieden, Arbeit, Ruhe zu charakterisiren versucht. Eins der bessern Werke der idealen Gattung ist dagegen das poetisch empfundene Bild, Hero und Leander von *Baader*. Am meisten Erfolg auf diesem Gebiet haben diejenigen, welche, wie Cabanel und Landelle, oder auch *Giacomotti* in seinem

Raub der Amymone die Nacktheit in modern lüsternem Sinne betonen; oder wie *Hamon* in seinen kleinen, zierlich gezeichneten, duftig, bisweilen zu ätherisch gemalten, zum Theil ganz artigen Bildern jenes moderne Element zu einer gewissen Harmlosigkeit herabzudämpfen wissen. In dieser etwas coquetten Richtung bewegen sich auch *Jourdan's* Leda und desselben Liebesgeheimnisse.

Man sieht bald: gerade bei dem raschest lebenden und modernsten Volke zeigen die alten idealen Stoffgebiete der Kunst sich in greisenhafter Erschöpfung, der nicht abgeholfen wird, wenn man sie durch moderne pikante Reizmittel zu verdecken sucht. Die antiken Fabelwesen, die Gestalten des Christenthums und des alten Testaments, alles ist gleichmässig verbraucht, durchdringt nicht mehr den Geist der Künstler noch den der Mehrzahl der Beschauer. Die moderne Phantasie hat an all diesen Gestaden gründlich Schiffbruch gelitten. Aber nicht minder schlimm steht es um jenen grossen vermeintlichen Ersatz, den die moderne Aesthetik als Aequivalent an die Stelle jener Gedankenkreise setzen zu können wähnte: das Reich der Geschichte. Welche Hoffnungen haben wir, auf jene tröstlichen Verheissungen bauend, einige Dezennien lang auf das „moderne Geschichtsbild" gesetzt! Wie viel bedeutende Talente in Frankreich, Belgien, Deutschland haben ihre höchste Kraft darauf verwendet, dies Desiderat des Zeitgeistes zu verwirklichen! Und wie gering sind die Resultate! Auf der gegenwärtigen Ausstellung wird sich vielleicht kein einziges Bild finden lassen, welches den Anforderungen an ein Geschichtsbild in des Wortes voller Bedeutung genügt. In der französischen Abtheilung ist nicht einmal der Versuch dazu gemacht worden, man müsste denn die grossen Schlachtepisoden oder den Besuch des Kaisers in Algier wunderlicherweise dafür ausgeben wollen. In Wahrheit haben die Franzosen unter dem zweiten Kaiserreich kein einziges Geschichtsbild hervorgebracht. Die Gründe dieser Erscheinung liegen nicht zu tief versteckt. Zunächst und zumeist beruht sie auf der Ueberschätzung, welche die Geschichte in Bezug auf ihre künstlerische Verwerthung gefunden hat. Man hatte vergessen, dass die Phantasie des Künstlers mit Erfolg nur in solchen Stoffkreisen sich bewegt, welche im Bewusstsein ganzer Zeiten oder Völker als gemeinsam ·empfundene, selbstverständliche lebendig sind. Die Sagen, die Mythen, die religiösen

Anschauungen sind es allein, die solche Bedingungen für die Kunst erfüllen. Aber selbst wo in einzelnen Fällen ein geschichtliches Ereigniss annähernd solche Geltung besitzt, wie selten fügt es sich dennoch in seiner realen Bestimmtheit der bildenden Kunst, wie selten wird die tiefere Kausalverbindung, welche unsichtbar in den Erscheinungen der Weltgeschichte das verworrene Gewebe ihrer Fäden schlingt, sich in einen plastischen Moment zusammenfassen und festhalten lassen! Und auch dann noch im günstigsten Falle bleibt soviel an sprödem Beiwerk, an Unwesentlichem und selbst Hinderlichem zu überwinden, dass der freifliessende Strom der Phantasie ins Stocken geräth und das Resultat aller Mühe den Beschauer theilnahmlos lässt. Ausserdem hat die Gegenwart so rastlos vorwärts zu streben, so unablässig nach neuen Zielen für die gesammte Gestaltung der Gesellschaft zu ringen, dass sie begreiflicherweise nicht mit der alten ruhigen Sammlung das Spiegelbild der Vergangenheit betrachten kann. Endlich kommt für die jüngste Epoche noch hinzu, dass sie in der unglaublich gesteigerten Veräusserlichung des Lebens, in dem Jagen nach Gewinn und Genuss den Ernst des Gedankens, die betrachtende Einkehr in Zeiten, die von grossen Ideen bewegt werden, von sich weist.

Kein Wunder daher, dass die Franzosen neuerdings höchstens das geschichtliche Zustandsbild, und auch dieses nicht eben häufig pflegen. Dahin gehört als einer der feinsten Meister *Comte*, dessen Jungfrau von Orleans bei der Salbung Carl's des VII. zwar nicht über eine leere Ceremonie hinaus kommt, der aber in dem kleinen Bilde der Herzogin von Guise, die ihren jungen Sohn schwören lässt, den Mord des Vaters zu rächen, ein Meisterstück psychologischer Wahrheit und malerischer Stimmung geschaffen hat. Auch *Robert-Fleury*, mit seinem Carl V. im Kloster von St. Juste, ist ein von Alters her wohl bekannter Name. Sein Sohn *Toni Robert-Fleury*, in der Schilderung eines Volksgemetzels zu Warschau, tritt mit entschiedenem Talent in die Fussstapfen des Vaters, der früher bekanntlich ähnliche Schreckensscenen sich als Lieblingsgegenstände erlesen hatte. Manche Andere machen gelegentliche Streifzüge ins Gebiet der geschichtlichen Anekdote; so *Vetter* mit einer fein humoristischen Darstellung Molière's und Ludwig's XIV. bei Tafel, einer Scene, die wir schon von Gérôme behandelt fanden.

Am liebsten wird das künstlerische Moment schlechtweg in Zuständen und kleinen Ereignissen des wirklichen Lebens aufgesucht, und in der echt malerischen Auffassung und Durchführung solcher meist kleinen Genrebilder, die als willkommener Schmuck dem übrigen Luxus vornehmer Wohnungen hinzugefügt und hoch bezahlt werden, leistet die französische Kunst noch immer Vorzügliches. Wir wollen hier nur an die ausgezeichneten meist dem italienischen Klosterleben entnommenen Genrebilder von *Armand Leleux* erinnern (die Apotheke des Kapuzinerklosters zu Rom; italienische Abbés beim Schachspiel, junge Geistliche in der Zeichenstunde). Ferner die gemüthlichen Kinderscenen von *Pierre Edouard Frère* (die kleinen Holzsammler; der Ofen; das Gebet; das Benedicite). Von *Paul Soyer* das treffliche Bild: Generalprobe vor der Messe am Festtag; von *Théophile Gide*, der seine fein kolorirten lebenswahren Bilder ebenfalls dem malerisch dankbaren Klosterleben Italiens entnimmt (studirende Mönche; Probe einer musikalischen Messe). Sodann die miniaturartig zierlichen Bilder von *Fichel*, die nicht minder artigen, fein ausgeführten von *Plassan* und die schelmischen Schilderungen aus dem Mädchenleben von *Toulmouche*, unter denen besonders gelungen „die verbotene Frucht", junge Mädchen, die in einer Bibliothek über gewisse Werke gerathen sind, die nicht eben ausdrücklich für Damen bestimmt zu sein scheinen. An den Schluss dieser Reihe wollen wir, um aus dem Miniaturgenre zu Grösserem wieder überzugehen, den Namen einer Dame, Mme. *Henriette Browne* setzen, deren barmherzige Schwestern ein Bild von schlichtester Empfindung, dazu in meisterhaft klarem Helldunkel durchgeführt ist.

Noch entschiedener als in den anderen Gattungen treibt in der Landschaftsmalerei die allgemeine Strömung dem Realismus zu. Nur wenige Künstler folgen einem idealeren Zuge, wie *Paul Flandrin*, *Hippolyte Lanoue* mit seinen fein aufgefassten Bildern der römischen Campagna, *Louis Français*, der indess ausser stylisirten italienischen Landschaften auch der poetischen Stimmung einfacher heimischer Natur gerecht zu werden weiss, endlich vor allen *Corot*, der sowohl die rhythmisch bewegte Landschaft des Südens, wie die einfachere Waldnatur des Nordens mit freiem Zuge der Phantasie verwendet und wie in silberduftigen Schleier zu hüllen liebt. Diesen Einsamen gegenüber drängt die breite Masse der französischen Landschafter zur möglichst packenden Schilderung der einfachsten und zunächst liegenden Motive des Naturlebens hin. Schon *Paul Huet*, von dem die Ausstellung acht Bilder aufweist, weiss in seinen meist sturmbewegten Landschaften durch Luft- und Lichtwirkung eine tiefere Stimmung hervorzurufen. Noch einfacher und bedeutender geht *Louis Cabat* auf die künstlerische Darstellung des ersten besten Stücks heimischer Erde aus, bringt aber auch in italienischen Bildern, wie dem trefflichen Nemi-See, einen mehr plastischen Zug zur Geltung. Unübertrefflich wahr und einfach sind aber vor Allen die Landschaften von *Daubigny, Théodore Rousseau* und *Jules Dupré*, letzterer mit nicht weniger als zwölf Bildern vertreten. Alle diese Bilder schlagen rücksichtslos dem ins Gesicht, was man bei uns bisher als landschaftliche Schönheit verehrt hat. Da sind keine kunstvoll aufgebauten Scenerien, keine rhythmisch bewegten Linien, keine reichgegliederten Mittelgründe und duftig blauende Fernen. Müde der ewig von Neuem abgeleierten Melodie haben diese Künstler einen kecken Griff ins volle Naturleben gethan und das erste beste unscheinbare Stück auf die Leinwand gesetzt. Sie wollen lieber eine dürftige, ja hässliche Natur, öde Haide und stumpfes Rasenufer, ärmliches Gestrüpp und graue Pfützen, als durch irgend eine schwungvollere Zusammenstellung von Linien das Auge bestechen. Aber was sie geben, das bringen sie mit einer Wahrheit zur Erscheinung, dass man das Weben der elementaren Geister zu empfinden glaubt, und vor Allem ist es das Feuchte, Saftige der Gründe, die merkwürdige Wahrheit der Lüfte, die frappante Treue in Wiedergabe der Bodenbildung, wodurch sie eine tiefe Stimmung erregen. Freilich ist, wie immer bei den Franzosen, deren Bewegungslinie im scharfen Zickzack äusserster Kontraste sich entwickelt, an Uebertreibungen kein Mangel, und im Streben nach geschlossener Wirkung wird das Detail oft ungebührlich vernachlässigt, ja misshandelt, so dass gerade hierin die gepriesensten Meister weit hinter den alten Holländern, deren Vorbild im Ganzen sie verfolgen, zurückbleiben. Aber im innersten Kern ist diese Richtung gesund, voll männlicher Entschlossenheit und unerschrockener Wahrheitsliebe. Sehr viele unserer deutschen Landschaften erscheinen dagegen bunt, matt, überladen und haltungslos.

Zu diesen Landschaftern darf man am ersten auch *Courbet*, den leidenschaftlichen Vorkämpfer des extremen Realismus rechnen, der zwei tüchtige Landschaften beigesteuert hat, in seinen Studienköpfen dagegen bei aller Kraft der Darstellung allzu absichtlich ins Unschöne geht. Nennen wir noch *Chintreuil*, *Blin* und *Busson*, sowie *Imer* mit seinen trefflichen Landschaften aus den mittleren und südlichen Gegenden Frankreichs, so haben wir wohl die hervorragendsten Vertreter dieser Richtung bezeichnet und wollen nur noch auf die durch Marilhat gegründete orientalische Landschaft kurz hinweisen, die namentlich durch *Bercher* und *Léon Belly* gepflegt wird.

Das Thierstück ist durch einige Bilder seines Hauptmeisters, des vor zwei Jahren verstorbenen *Troyon* und durch eine ganze Gemäldereihe von *Rosa Bonheur* vertreten. Letztere strebt mit ihrem energischen Talent neuerdings nach grösster Mannigfaltigkeit, indem sie auch fremde Länder, Schottland und Spanien, mit in ihr Bereich zieht, einmal ein Boot voll schottischer Schafe, ein ander Mal arragonesische Maulthiortreiber, dann wieder struppige schottische Ponies, einen schottischen Hirten bei seiner Herde, ruhende Rehe, oder ein Rudel aufgescheuchter Hirsche, stets in ungemein lebenswahrer Bewegung, vorführt. Nur Schade, dass die Landschaft manches zu wünschen lässt, und dass in den blauen Schattentönen, die den verschiedensten Thieren unter jedem Himmelsstrich und bei jeder Beleuchtung zugetheilt sind, eine bedenkliche Manier sich ankündigt. Von Architekturmalern seien schliesslich noch *Sebron* mit seiner Karthause von Miraflores und *Ouvrié* mit mehreren trefflich durchgeführten Bildern erwähnt.

Die nächste Stelle nach den Franzosen, was malerische Ausbildung betrifft, nehmen unbedingt die Belgier ein. Ja die technische Vollendung steht bei ihnen durchgängig vielleicht auf einer noch höheren Stufe. Minder geistreich und beweglich als ihre französischen Nachbarn, zerbrechen sie sich weniger den Kopf mit Auffindung immer neuer Stoffgebiete, sondern halten an dem einmal Gewonnenen ruhig fest, es selbst bis zur Gedankenlosigkeit und Ermüdung wiederholend, aber dadurch ihre künstlerischen Absichten in immer grösserer Vollendung formell ausprägend. Kommt man aus der französischen Abtheilung mit ihrer rastlosen Jagd nach allen erdenklichen Stoffen und allen möglichen Auffassungen in den belgischen Annex, so wird man von dem Wehen einer stillen gleichmässigen Stimmung wunderbar beruhigt. Hier sind keine abenteuerlichen Fahrten zu angeblichen Göttern Griechenlands, keine Streifzüge nach Italien, Spanien oder dem Orient. Geschichte, Genrebild und Landschaft bewegen sich auf dem vertrauten heimischen Boden. Zwar fehlt der gefeierte Name eines Gallait, es fehlen Wappers und de Keyser; aber einige der bedeutendsten und glänzendsten Meister sind ausgiebig vertreten, und von diesen ist in erster Linie *Leys* zu nennen. Unter allen Künstlern der Gegenwart nimmt er eine eximirte Stellung ein. An die Traditionen der flandrischen Schule des 15. und 16. Jahrhunderts anknüpfend, hat er sich eine Darstellungsweise geschaffen, welche man weniger eine Nachahmung als eine direkte Fortsetzung jener älteren Malerschule nennen muss. Er schildert Vorgänge aus den reichen Städtegeschichten seines Landes, Scenen bürgerlichen Lebens, politische Akte, aber auch Momente aus dem öffentlichen oder Privatleben der Reformatoren. Alles dies erzählt er uns im treuherzigen Styl eines alten Chronisten, dessen anspruchslose Naivetät er sich völlig zu eigen gemacht hat. Daher sind seine Schilderungen von einer Unmittelbarkeit, dass alle andern neueren Darstellungen jener Epochen dagegen subjektiv gefärbt und modern erscheinen. Mit so schlagender Anschaulichkeit führt er uns mitten in das Leben jener Tage, in die Gassen und auf die Plätze der damaligen Städte, bringt uns die Menschen jener Zeit in ihrem breiten, etwas befangenen und eckigen Auftreten so vor Augen, dass wir ihre Zeitgenossen zu sein wähnen. Selbst jenes Unnennbare eines halbverschleierten Seelenausdrucks, das wie eine gemeinsame Zeitstimmung die Köpfe auf den alten Bildern zu umhüllen pflegt, gibt er mit derselben täuschenden Wahrheit wieder. Auch in der gedämpften Art des Farbenvortrags, in der mässigen Anwendung der Luftperspektive, in der naiven Umständlichkeit der Detailbehandlung wirkt er ganz wie einer der Alten. Auf mehreren namentlich seiner grösseren Bilder geht die Anspruchslosigkeit der Composition etwas zu weit, auch treten die Gestalten bisweilen wohl zu unvermittelt, der trennenden Luftschichten beraubt, zu hart vor uns hin, zu wenig auseinander: aber in einigen seiner Bilder, namentlich in mehreren kleineren ist von solchen Mängeln nichts zu spüren. Wo der Ausdruck einer selbst nur gedämpften und zurückgedrängten

‚Leidenschaft erfordert' wird, wie bei der Veröffentlichung der kaiserlichen Verordnung, welche die Inquisition in den Niederlanden einführte, reicht die ruhig gelassene Weise des Künstlers nicht recht aus; aber Bilder wie das Wohnzimmer Luther's zu Wittenberg, wie die berathende Versammlung von Reformatoren, wie Luther, der von seinem Freunde Cranach gezeichnet wird, während die bescheidene Hausfrau des Malers an einen Stuhl gelehnt von Weitem zuschaut, das sind wahre Juwelen an Gemüthswärme und bezaubernder Lebenswahrheit.

Ein zweiter ausgezeichneter Meister ist *Alfred Stevens*, der durch nicht weniger als achtzehn seiner fein ausgeführten Bilder vertreten wird. Dieser Künstler hat nach dem Vorgange der Terburg, Netscher und Mieris sich die Aufgabe gestellt, Momente aus dem täglichen Leben der höheren Stände, und zwar ausschliesslich der Frauenwelt vorzuführen. Kommt ihm nun freilich nicht wie jenen ein malerisches Kostüm wie das des 17. Jahrhunderts zu Statten, so hat er doch die keineswegs ungünstigen Formen der jetzigen Frauentracht mit grossem koloristischen Talent zu verwerthen gewusst, und seine Bilder geben nicht bloss alle Aeusserlichkeiten des modernen eleganten Lebens, sondern auch die ganze Eigenthümlichkeit im Benehmen distinguirter Damen mit feiner Beobachtung wieder. Das Colorit hat bei grosser Harmonie in der Durchführung der angeschlagenen sehr mannichfaltigen Farbenakkorde einen gedämpften Gesammtton, aber die Fleischpartieen leiden bisweilen an schweren selbst schmutzigen Schatten. Die Gegenstände sind die einfachsten; diese anmuthigen Wesen erscheinen meist in ruhiger Haltung, in alltäglicher Situation; nur in einem Bilde, einem Trauerbesuch, schlägt der Maler tiefere Saiten der Empfindung an.

Ein dritter vortrefflicher Künstler, den wir ebenfalls durch eine Reihe von dreizehn Bildern kennen lernen, ist *Willems*. Er schildert in noch eleganterer Pinselführung mit glänzenden Farben und einer technischen Vollendung, die im Einzelnen, namentlich in Behandlung der Seidenstoffe den alten Meistern in Nichts nachsteht, Scenen aus dem vornehmen Leben des 17. Jahrhunderts. Ohne tieferen Gemüthsinhalt sind diese sauberen eleganten Bildchen durch ihren Farbenreiz eine wahre Augenlust. Ausserdem finden wir noch treffliche Genrebilder von *Joseph Stevens*, gediegene geschichtliche Scenen von *Fer-*

dinand Pauwels, besonders durch ein schönes Kolorit ausgezeichnet, mehrere geschichtliche und Genrebilder von *de Groux*, lebendige Scenen des holländischen Lebens von *Dillens*, einige Geschichtsbilder von *Hamman* und noch manch anderes tüchtige Werk. Eduard de Biefve hat zweimal die Gräfin Egmont gemalt, einmal nach der Gefangennahme, einmal nach der Hinrichtung ihres Gemahls. Tüchtige Portraits finden wir von *de Winne*, würdige religiöse Bilder von *Verlat* und eine Reihe stylvoller Cartons zu kirchlichen Werken von *Guffens* und *Swerts*. Endlich seien noch die Landschaften von *Fourmois*, *de Knyff* und *Lamorinière* erwähnt.

Minder reich und vielseitig als die belgische Kunst, aber gleichwohl tüchtig und achtungswerth zeigt sich die Malerei Hollands. Noch enger als im Schwesterlande schliesst sie sich den heimischen Ueberlieferungen an und bleibt den Anschauungen, den Sitten, den Umgebungen des Vaterlandes treu. So bewahrt sie, wie beschränkt immer ihr Horizont sein mag, sich den volksthümlichen Boden, den streng nationalen Charakter. Eine um so seltsamere Ausnahme bietet dagegen *Alma Tadema*, ein Schüler von Leys, den man aber eher für einen Nachfolger Gérôme's, nur ohne dessen bedenkliche Seiten, halten sollte. Er hat über ein Dutzend kleiner Bilder ausgestellt, in denen mit archäologischer Treue nicht bloss Scenen des griechischen und römischen, nein selbst des altägyptischen Privatlebens geschildert sind, und das Interesse an diesen zierlichen Werken ist ein um so reineres, als hier das Alterthum nicht zum Deckmantel modern frivoler Tendenzen herabgewürdigt wird. Im Uebrigen bewegt sich, wie gesagt, die holländische Kunst auf heimischem Boden. So zunächst im Genre bei *Israels*, dessen tüchtige koloristische Wirkung nur durch den Mangel an Feinheit in der Behandlung beeinträchtigt wird; ferner in den lebendigen gut gemalten Bildern von *Bles* und den zierlichen Arbeiten von *Scheltema*. Vereinzelt bringt *Rochussen* eine Schilderung aus der Geschichte des Landes. Den Schwerpunkt bilden aber die stimmungsvollen frischen Landschaften, denen sich grossentheils die für die holländische Scenerie unerlässliche Staffage des weidenden Viehes zugesellt. Wir nennen *J. Bakhuyzen, Bilders, Gabriel, H. Koekkoek, Maaten, Stortenbeker*, vor Allem aber *Roelofs* mit seinen fein gestimmten, naturwahren Bildern und *de Haas* mit seinen überaus frisch und kräftig gemalten Thierstücken. Tüchtige Jagdbilder sind von *Kuytenbrouwer*, gute Architekturen endlich von *Elven* und *Springer* zu nennen.

Lebt in den Niederlanden die alte Tradition wieder auf, der neuen Kunst Grundlage und Richtung gebend, so tritt dagegen die englische Malerei gleichsam wie ein kecker Autodidakt bunt experimentirend auf. In England hat nie eine höhere historische Kunst, sei es in Plastik, sei es in Malerei, geblüht, die dem gesammten Schaffen den festen stylvollen Rückhalt geboten hätte. Selbst die grossen Maler, welche von auswärts ins Land gerufen wurden, ein Holbein und van Dyk, fanden bei den hocharistokratischen Tendenzen des Landes nur Gnade als Portraitbildner. Von religiöser Kunst war seit dem Mittelalter aus nahe liegenden Gründen dort nie die Rede, und selbst der gerühmte historische Sinn der Engländer vermochte auf ihre Kunst keinen andern Einfluss zu gewinnen, als etwa in den Dramen eines Shakespeare und den Erzählungen eines Walter Scott. Die neuesten Versuche in der Geschichtsmalerei und monumentalen Plastik haben ein fast lächerliches Fiasko gemacht. Der eigenwillige, zum Absonderlichen, Bizarren neigende Volkscharakter gesellt sich dazu, um auch in der Kunst die wunderlichsten, spleenhaftesten Erscheinungen hervor zu treiben. Gemalte Tollheiten wie die Bilder von *Millais* würden in keinem anderen Lande möglich sein. Auch die drastischen Uebertreibungen eines *Ward* gehören dahin. Trotzdem hat aber das in Luft und Licht so entschieden malerisch geartete Land auch in seinen Künstlern tüchtige Begabungen geweckt, und eine Reihe frischer, theils bis ins Karikaturhafte energischer, theils fein empfundener Genrebilder, sowie tüchtiger Landschaften legt Zeugniss dafür ab. Nur selten nimmt die englische Malerei einen höheren Flug, wie in dem gut entworfenen, doch etwas unvollkommen durchgeführten Feste Esther's von *Armitage* oder in dem nobel empfundenen, nur in der Wirkung etwas zerstreuten Bilde von *Leighton*, die Bräute von Syrakus. Recht lebensvoll, wenn auch etwas bunt, ist die bewegte Scene von *Elmore*, die Tuilerien am 20. Juni 1792; ebenfalls voll Wahrheit und dabei tüchtig gemalt die englische Gesandtschaft in Paris am Abend der Bartholomäusnacht, von *Calderow*; auch *Lucy* hat im Begräbniss Karl's I. ein ernstes historisches Stimmungsbild geschaffen.

Die keck und flott gemalten Genrebilder von *Orchardson*, die etwas zu derben, aber tüchtigen Arbeiten des verstorbenen *John Philips*, die frische an Boz erinnernde humoristische Kraft der Charakteristik in den Bildern *Nicol's*, die feine Stimmung in der Clarisse von *Leslie* sind hier hervorzuheben. Auch *Morgan* (eine Rechenschule), *Faed* und die beiden *Hardy* haben gute Genrebilder ausgestellt; vom verstorbenen *Augustin Egg* ist ein anziehendes Bild, Scene aus dem Roman Edmund, vorhanden. Merkwürdig, wie ausschliesslich in all diesen Arbeiten die heimathlichen Lebenszustände herrschen, da die Engländer das am meisten und am weitesten reisende Volk der Erde sind. Nur von *John Lewis* finden wir ausnahmsweise ein paar orientalische Genrescenen. Das in England sehr gepflegte Bildnissfach ist durch tüchtige Werke von *John Knight* und dem verstorbenen *Gordon* vertreten. Den Portraits von *Sir Francis Grant* fehlt dagegen bei markigem Kolorit die genügende Durchbildung. Unter den Landschaftern sind hervorzuheben *Graham* mit einem energisch gemalten schottischen Wasserfall, *Horatio Mac Cullock* (der Lac Katrine), *Mac Callum* (Wolfsschlucht bei Fontainebleau) und der verstorbene *David Roberts* mit zwei duftigen, stimmungsvollen Ansichten des Hospitals zu Greenwich und der Themse bei Westminster. Auch der berühmte Name *Landseer's* fehlt endlich nicht auf der Ausstellung.

Ihre unbestrittene Ueberlegenheit behauptet auch diesmal die englische Kunst im Aquarell. Eine bedeutende Anzahl vorzüglicher Gemälde dieser Art, darunter viele von ungewöhnlich grossen Dimensionen, sieht man unter Glas und Rahmen an den Querwänden ausgestellt, welche den grossen englischen Gemäldesaal in der Mitte durchbrechen. So hervorragend in diesen Arbeiten die technische Meisterschaft ist, so fehlt es doch auch nicht an Beispielen einer unrichtigen Behandlungsweise, die dem Aquarell ein mühsames Wetteifern mit der Oelmalerei aufnöthigt und ihm dadurch seine Hauptvorzüge, den freien, saftigen Vortrag und die klare Wirkung raubt.

Auch die Vereinigten Staaten bewegen sich gleich ihrem Mutterlande in rein naturalistischen Bestrebungen. Dass aus solcher Richtung die Landschaftsmalerei am meisten Vortheil zieht, erkennt man an einer Reihe talentvoller Leistungen, in denen meist der Ton einer frischen anziehenden Stimmung und die vertraute Naturempfindung des heimathlichen Bodens herrscht. So bei *Whittridge*, das alte Kentucky, bei *Kensett's* duftig weicher Schilderung aus den weissen Bergen und seinem goldtönigen Herbstbild Lac Georges, bei *Gifford's* Dämmerung auf dem Berge Hunter mit seinem originellen Effekt, bei *Hart's* Landschaft aus Connecticut, bei *Bierstadt's* kräftig gemalten Rocky Mountains und *Colman's* warmer, klar abgetönter Landschaft. Dass die Beobachtung der Lichtwirkungen in einer nebelgesättigten Atmosphäre, wie Turner in London sie studirt und zum Ausgangspunkt für seine anfangs poetischen, zuletzt ins Abenteuerliche und Bizarre ausartenden Schöpfungen gemacht, auch hier nicht fehlt und gelegentlich zu gewissen Extremen bereits geführt hat, beweisen *Hubbard* und mehr noch *Church* mit seinem Niagarafall und der Scene aus der Regenzeit der Tropen, wo es ohne Regenbogen niemals abgeht. In die geschichtliche Sphäre führt uns *Emanuel Leutze*, der seine Schule in Düsseldorf gemacht hat, aber in seiner Maria Stuart, die zum erstenmal in Holyrood Messe hört, nicht auf der Höhe seiner früheren Arbeiten steht. Die jüngsten grossen Kriegsbewegungen des nordamerikanischen Bundes haben bis jetzt nur einen schwachen Reflex in der Kunst erhalten, und wir finden es überhaupt begreiflich, wenn die Maler so bald keinen Beruf in sich fühlen, Scenen eines solchen Bürgerkrieges etwa prahlerisch auf der Leinwand zu fixiren. Doch sind einzelne Nachklänge in *Lambdin's* etwas sentimentaler Schwertweihe (eine Braut segnet mit einem Kuss das Schwert ihres in den Krieg ziehenden Geliebten) und in *Winslow Homer's* tüchtig gemalten gefangenen Conföderirten zu spüren. Noch seien die lebendigen Genrebilder *Thomson's*, die beiden guten Bilder *Boughton's* und die Portraits von *Baker, Elliot* und *Huntington* genannt. Letzterer hat auch ein grösseres Bild geliefert: die republikanische Hofhaltung zur Zeit Washington's, ein lebenswahres Zeitbild voll interessanter Züge, dem nur eine etwas ruhigere Gesammtwirkung zu wünschen wäre.

Ungefähr in demselben schwachen Verhältniss zur ungeheuren Ausdehnung und realen Machtstellung des Landes finden wir die Kunst in Russland. Auch hier herrscht in der Malerei ein einseitiger Naturalismus, der selbst bis ins krass Realistische abirrt. Ein wunderliches Beispiel dieser Art bietet *Gué's* heiliges Abendmahl, welches wohl noch nie so unheilig, so geradezu barock dargestellt worden ist.

Die wenigen Anläufe zu geschichtlichen Schilderungen sind nicht erheblich; so das zwar gut kolorirte, aber melodramatische Bild des verstorbenen *Flavitsky*, Tod der Prinzessin Tarakanoff; so die ebenfalls zum Theil wie Iffland'sche Rührstücke aufgefassten Gemälde von *Simmler*, und die Unterwerfung Schamyl's, von *Willewalde*. Rühmlich sind dagegen hervorzuheben die ausgezeichneten Genrebilder von *Peroff*, die mit der feinen Charakteristik und der humoristischen Beobachtung eines Turghenieff wiedergegeben sind. Auch Baron *Clodt II.*, *Koscheleff*, *Nestschersky* mit dem etwas derben aber flott gemalten Winterabend in Finland, und *Rizzoni* mit einigen fein und frisch dargestellten Scenen des russischen und des römischen Lebens sind hier zu nennen. Tüchtig gemalte Seeschlachten hat *Bogoliuboff* ausgestellt, gute Schlachtbilder sind von *Kotzebue* geliefert, fein und naturwahr durchgeführte Landschaften sieht man von Baron *Clodt II.*, und der berühmte Marinemaler *Aiwasowsky* hat sich mit einem brillanten Mondschein eingefunden.

Skandinavien ist in seinen malerischen Leistungen fast ohne Ausnahme als ein Zweig der Düsseldorfer Schule zu betrachten, da seine tüchtigsten Künstler in der rheinischen Musenstadt ihre Ausbildung erhalten, sogar dauernd dort ihren Wohnsitz aufgeschlagen haben. Unter den schwedischen Malern zeichnet sich vor allen *Fagerlin* durch mehrere volksthümliche Genrescenen voll treffender Charakteristik und malerischer Wirkung aus. Die Eifersucht, die Liebeserklärung und der Heirathsantrag geben eine Reihe lebenswahrer Gestalten und frisch aufgefasster Situationen aus dem Kreise des holländischen Fischerlebens. Auch *Jernberg* hat mehrere gut gemalte Dorfgeschichten, *Höckert* einige lebendige Scenen aus Lappland, *Wallander* eine hübsche Humoreske: Jesuiten, die um ein Gemälde handeln, ausgestellt, *Ankarkrona* die afrikanischen Kämpfe der Franzosen und Spanier illustrirt. Unter den Landschaftern, die fast ausschliesslich die heimische Natur schildern, sind als besonders tüchtig *Wahlberg*, *Holm*, *Nordgren* und *Berg* hervorzuheben. Von *Scholander* ist eine gute Aquarelle, das Innere einer schwedischen Kirche, zu sehen. Unter den Norwegern bleibt *Tidemand* diesmal nicht ganz auf der Höhe seines Rufes, während *Karl Hansen* durch ein paar feine Genrebilder anzieht. Gute

Landschaften haben *Knud Baade, Gude, Eckersberg, Morton Müller* und *Nielson* beigesteuert. Unter den Dünen heben wir vor allen eine Reihe der männlich gemalten, wenn auch hie und da etwas ans Hausbackene streifenden Figurenbilder von Frau *Jerichau* hervor. Sodann einige Genrescenen von *Exiner* und *Gertner*, vorzügliche Landschaften von *Rump* (Waldpartie mit schönem Durchblick), *Soerensen* (treffliches Seestück) und *Kjeldrup*, sowie eine gute Marine von *Melbye*.

In keinem andern Lande, selbst nicht in Holland und Skandinavien herrscht die landschaftliche Darstellung in so breiter Weise vor wie in der Schweiz. Es ist sprichwörtliche Anhänglichkeit an die Heimath und zugleich dieselbe Neigung zur Natur, welche auch den naturwissenschaftlichen Bestrebungen in der Schweiz eine so hohe Stellung verschafft hat, die bei dieser künstlerischen Richtung zusammenwirken. Auf keinem Gebiete der bildenden Kunst ist eine solche Anzahl gelungener Leistungen aufzuweisen. Daran schliesst sich, ähnlich und, aus ähnlichem Grunde wie in Holland, das Thierstück kaum minder bedeutend an. Vereinzelt dagegen treten figürliche Darstellungen auf, gleichwohl sind unter diesen etliche echte Perlen. In erster Linie vielleicht ist *Böcklin* von Basel zu nennen, eine genial und ideal angelegte Künstlernatur, hochpoetisch in allen Schöpfungen, dabei von wunderbar tiefer, stimmungsvoller Kraft des Kolorits, stets ergreifend, wenn auch bisweilen etwas seltsam und nicht immer sogleich verständlich in seinen Intentionen. In der schweizer Abtheilung sieht man von ihm eine ungemein poetisch empfundene Scene „Daphnis und Amaryllis"; ausserdem in der bayerischen Ausstellung eine Villa am Meer, in welcher der Zauber des Südens und die Stimmung der goldenen Zeit der Renaissance in einen mächtigen Akkord zusammenklingen. Ebendort ein Anachoret in wildester Einöde, an steil abstürzender Felswand, von Raben umkreist, ein Stück Natureinsamkeit von ergreifender, fast grausiger Gewalt der Phantasie. Aus diesem hochromantischen Fluge versetzt *Vautier* uns in seinen liebenswürdigen Genrebildern voll innigster Empfindung und schärfster Lebenswahrheit mitten in das Treiben, in die Leiden und Freuden des Volkes hinein, die er mit vorzüglicher koloristischer Begabung vor Augen bringt. Dieser Künstler, der seine Ausbildung Düsseldorf verdankt, darf an

Tiefe der Begabung und technischer Vollendung als einer der besten unter den neueren Volksmalern bezeichnet werden. *Stückelberg* von Basel ist ein ebenfalls fein empfindender, talentvoller Künstler, und sein Bild, eine Scene aus Gottfried Keller's meisterhafter Dorfgeschichte „Romeo und Julie auf dem Lande" ist von hoher poetischer und malerischer Schönheit. Ausserdem haben wir noch ein hübsches Genrebild von *Anker*, der Neugeborene, eine gute Scene aus dem Mönchsleben, von *Buchser*, einige frisch, aber etwas skizzenhaft behandelte Bilder des verstorbenen *Kunkler* von Genf, ein ernst und nobel, nur etwas hart gemaltes Bild von *Weckesser*, die Herzogin von Gloucester nach Shakespeare, sowie ein tüchtiges Portrait von *Poggi* zu nennen.

Das Thierstück ist durch mehrere Bilder des begabten *Rudolph Koller* wohl vertreten. Seine Thiere sind immer voll Wahrheit und Leben, dabei mit grösster Sorgfalt durchgeführt; nur leidet in dem jüngsten grösseren Gemälde die Wirkung etwas durch das sichtliche Streben, mit möglichst bescheidenen Mitteln in gedämpfter Farbenskala eine harmonische Totalstimmung hervorzubringen. Mehr als Staffage, zur Belebung seiner weiten Gebirgslandschaften, verwendet *Albert de Meuron* das Vieh, das er in seinen bald kräftig ernsten, bald duftig feinen, bald goldig überhauchten Bildern in einer gewissen Unterordnung mit Geschick zur Geltung bringt. Unter den Landschaften nennen wir tüchtige Arbeiten von *Steffan*, effektvolle von *Friedrich Zimmermann*, einige mehr idealisirende von *Leon Berthoud*, eine ernste Abendlandschaft von *Baudit*, mehrere schöne Bilder vom Genfer See von *Bocion*, vorzüglich stimmungsvolle Landschaften von *Castan*, eine Rhonelandschaft von grossartiger Strenge von *Furet*, einen etwas unruhigen Giessbach von *Diday*, der seinen früheren Arbeiten nicht gleichkommt. Daran reihen sich *Dumont*, *Favre*, *Duval*, die den Stoff zu ihren mehr ideal gestimmten Gemälden dem Süden, Italien und Spanien entlehnen. Der heimischen Natur dagegen wendet sich die Mehrzahl der übrigen zu, unter denen *Ulrich* von Zürich, *Rudolph Snell*, *Sordet* mit einer energisch aufgefassten Ansicht des Wetterhorns, *Veillon* mit ein paar fein und wahr gemalten Bildern, *Zelger* und *Pfyffer* von Luzern, *Lemaitre* und *Loppé* von Genf noch herauszuheben wären. Als Ausnahme sei endlich noch Adam und Eva von

Darier erwähnt, eine talentvolle aber noch nicht ganz freie Kraft; endlich unter den Zeichnungen die trefflichen Entwürfe zu Glasgemälden von *Gsell-Laurent*, in denen eine ehemals in der Schweiz mit Glanz gepflegte Kunst wieder auflebt.

Wenden wir uns nun zu den südlichen Völkern Europa's, zunächst zu Italien, so tritt ein fast diametraler Gegensatz gegen die nördlichen, allgemeiner gesagt gegen die überwiegend oder rein germanischen Nationen sofort zu Tage. Es ist der fast völlige Mangel jener gefühlsschwelgerischen Naturbetrachtung, welcher dort die Landschaft zum Lieblingsgegenstande der neueren Kunst gemacht hat. Statt dessen kennzeichnet sich Italien — so mächtig ist die Tradition und die Nachwirkung antiken Bluts und antiker Gesinnung — immer wieder durch das fast ausschliessliche Interesse für den Menschen und zwar für den Menschen in den erhöhten Momenten des Daseins, im gesteigerten Ausdruck des Pathos. Da dies Pathos heutzutage kein religiöses mehr zu sein pflegt, so wird es ein geschichtliches, und da das eigentliche Mittel, solches zur Erscheinung zu bringen, nicht die Plastik, sondern die Malerei ist, so trägt diese Kunst den ganzen Gewinn solcher Geistesströmung davon. Merkwürdig frappirt dieser Gegensatz, wenn man aus der holländischen, skandinavischen, schweizerischen Ausstellung, wo die Landschaft fast ausschliesslich ihre Triumphe feiert, in die italienische Abtheilung tritt und dort kaum irgend ein nennenswerthes landschaftliches Bild, dagegen fast nur Scenen menschlichen Lebens, Leidens und Handelns antrifft. Da fällt uns dann ein, dass in Italien die Landschaftsmalerei immer nur Nebensache gewesen ist, dass selbst die grossen Venetianer, welche zum erstenmal die Stimmung des Naturlebens ergreifend zu schildern wussten, gleichwohl nur landschaftliche Hintergründe zu ihren Figuren brauchten und dass die für sich bestehende Schönheit südlicher Natur erst durch Nordländer, einen Paul Bril, Claude Lorrain, die Poussins und andere zur Erscheinung gebracht wurde. Wer aber nun glauben wollte, die italienische Malerei schleppe sich, wie sie lange Zeit gethan, in ausgefahrenen akademischen Geleisen weiter, den muss die heurige Ausstellung völlig überraschen. Als sei mit dem Erreichen des seit Jahrhunderten erträumten und erstrebten Zieles der nationalen Einheit ein neuer, belebender Geist in diese reichbegabte Nation gefahren, der sie befähige, mit einem Male alle früheren Schranken der Anschauung niederzureissen und mit den vorgeschrittensten Völkern Europa's sich in Rapport zu setzen, so und nicht anders muthet uns die italienische Malerei an. Da ist ein frisches Erfassen der eigenen Geschichte, ein energisches Ringen nach bedeutendem Inhalt und vor Allem ein Fortschritt im Technischen, ein Talent malerischer Auffassung und Behandlung, welches bereits zu gediegenen Resultaten gelangt ist. Hat doch die Jury, deren Urtheilen wir sonst nicht überall beipflichten möchten, dies Streben dadurch anerkannt, dass sie einem Italiener, *Ussi*, für sein grosses Bild, die Vertreibung des Herzogs von Athen aus Florenz, einen der acht grossen Preise der Malerei zutheilte. Dies Bild zeugt in der That von bedeutendem Talent; eine lebensvolle dramatische Composition, voll treffender Charakteristik, durchgeführt in einem Kolorit von grosser Kraft und Harmonie, dem ein ernster historischer Ton eigen ist, das sind die Vorzüge seines Werkes. Feine psychologische Schilderung und meisterliche koloristische Behandlung darf man auch dem Macchiavell und Borgia von *Faruffini* nachrühmen. Effektvoll und gut gemalt ist die Begegnung des Gaspard Stampa mit Collatina de Collalto, von dem Venetianer *Gianetti*; ebenso die Gefangennahme Calendario's von einem anderen Venetianer, *Molmenti*, sowie die Begegnung Tizian's mit Paul Veronese, von *Zona*: Beweise, dass die alte gute Tradition lebensvoller Auffassung und malerischer Behandlung dort wieder aufgewacht ist. Auch *Busi's* Torquato Tasso mit dem Kardinal Aldobrandini, *Puccinelli's* Dino Compagni in der Kirche S. Giovanni, *Focosi's* Katharina von Medicis und Karl IX. sind beachtenswerthe Bilder. Den Neapolitanern scheinen die Schrecken der bourbonischen Herrschaft noch in der Phantasie zu spuken: *Toma* gibt eine effektvoll gemalte Inquisitionsscene, *Miola* ein abstossendes zierlich kleines Bild: Antonius und seine Gemahlin Fulvia, wie sie den am Boden vor ihnen liegenden abgehauenen Kopf Cicero's triumphirend betrachten. Auch *Morelli's* römisches Frauenbad gehört zu der bedenklichen Gattung solcher Stoffe, zu denen die Antike den Vorwand herleihen muss. Kirchliche Bilder sind nur von *Pollastrini* und von *Hayez* (Martertod des h. Bartholomäus) zu erwähnen. Ausserdem noch einige feine Genrebilder von *Guido Gonin*, *Moisé Bianchi* (eine hübsche Sängerprobe, von dörflichen Sängern unter Leitung des geigespielenden Schulmeisters abgehalten), und *Pasini* (der Schah von Persien auf dem Umritt durch sein Reich), endlich ein paar tüchtige Landschaften, zum Theil mit Thierstaffage, von *Joseph Palizzi*. Rom und der Kirchenstaat sind das einzige Gebiet Italiens, in welches die Neubelebung der Kunst ebensowenig wie die Neugestaltung der politischen Verhältnisse bis jetzt einzudringen vermochte.

Noch überraschender ist der Aufschwung, den Spanien in der Malerei genommen hat. Auch hier zeigt sich der alte akademische Schlendrian beinahe im Erlöschen und bringt nur noch vereinzelte Nachzügler, wie die Susanna im Bade von *Hernandez Amores* zu Tage. Im Uebrigen erwacht wie in Italien die Tradition der alten grossen Meister, und wie dort ist auch hier für die strebsamen Künstler seit Kurzem Paris die hohe Schule der koloristischen Ausbildung. Bilder wie die sixtinische Kapelle von *Palmaroli* und die beiden Interieurs von *Gonzalva* sind von einer meisterhaften Kraft und Pracht malerischer Wirkung. Eine lebensvolle, farbensichere Behandlung zeigt auch *Casado del Alisal*, feine Stimmung und grosse Wahrheit des Ausdrucks *Antonio Gisbert*, der nicht bloss hübsche Genrebilder, wie den Guitarrenspieler und den Flötenbläser, sondern auch ein Geschichtsbild ausgestellt, dessen Gegenstand schon bei einem spanischen Maler überraschen muss: es stellt die Landung der Puritaner an der Küste Nordamerika's dar. Tüchtig und breit, wenn auch etwas derb ist *Rosales'* Isabella die Katholische ihr Testament diktirend; nicht ohne malerisches Talent, wenn auch zu gering in der Zeichnung und der Charakteristik, der Tod des Thurruca, von *Francisco Sans*; talentvoll zeigt sich auch *Edoardo Cano* von Sevilla in seiner Darstellung des katholischen Königs, der nach der Einnahme von Malaga die gefangenen Christen empfängt. Noch sind mit Anerkennung zu erwähnen ein Tasso auf S. Onofrio von *Maureta*, zwei tüchtig gemalte Studien von *Alexandro Ferrant*, ein Mädchen bei der Toilette von *Diaz Valera*, und einige andere gute Genrebilder von *Ruiperez, Leon y Escosura* und *Manuel Ferran*. Die Landschaft, die bei den Spaniern ebensowenig in Gunst zu stehen scheint, wie bei den Italienern, ist nur durch *Martin Rico* vertreten.

Dagegen liegen die beiden andern südlichen Völker Europa's so fern von der Bahn moderner Bestrebungen, dass sie fast als zum

Orient gehörig zu betrachten sind. In Portugal herrscht in den meisten Gemälden die Behandlungsweise des kolorirten Bilderbogens und die Anwendung des kindlichsten Farbenkastens. Dass die Erzeuger solcher Naivetäten als Professoren oder Mitglieder der Kunstakademie von Lissabon bezeichnet werden und mit ellenlangen Titeln und Auszeichnungen im Katalog paradiren, macht die Sache nur schlimmer. Bloss *Michelangelo Lupi* mit einigen Portraits und einem Tintoretto, der seine todte Tochter malt, bildet eine ehrenwerthe Ausnahme. Unter den neun Gemälden, welche Griechenland ausgestellt hat, ist nur *Lytras* mit einer Antigone und etwa noch *Lanza* mit einer Aquarelle des Parthenon zu erwähnen.

Zu den auffallend schwach vertretenen Ländern gehört nun auch Oesterreich. Wie die Kunst sammt allen andern geistigen Regungen dort bis zum Jahre 1848 niedergehalten wurde, ist weltbekannt. Was seitdem zur Hebung dieser Bestrebungen geschehen, kommt kaum über vereinzelte, oft bedeutende Anläufe hinaus, die noch nicht genug Folge gewonnen haben, um nach allen Seiten Wurzeln zu schlagen und ins Leben selbst überzugehen. Von dem zu früh verstorbenen genialen *Rahl* sind ausser einem guten Portrait von Franz Liszt und einem etwas schwer gemalten weiblichen Brustbild die geistvollen Friescompositionen für die Universität in Athen ausgestellt, ein Werk, das trotz einer gewissen Stumpfheit der Formen, die Rahl eigenthümlich war, durch freien Fluss der Gestalten und lebensvolle rhythmisch bewegte Gruppen sich auszeichnet. Daneben sind in erster Linie zu nennen zwei Genrebilder von *Waldmüller*, darunter die wohlbekannte „Klostersuppe". Unvergleichlich fein und reich in Beobachtung des Lebens, voll charakteristischen Ausdrucks, liebenswürdigen Humors und gemüthlicher Laune, dabei trefflich durchgeführt ohne alle Kleinlichkeit, leidet das anziehende Werk nur durch die dem sonst so vorzüglichen Künstler eigene Trübe des Kolorits und fast schmutzige Undurchsichtigkeit der Schatten. Ausserdem hat man das Bild ungeschickter Weise, wahrscheinlich um für die zahlreichen Mittelmässigkeiten Raum zu gewinnen, so ungünstig in einen Winkel gehängt, dass es nicht recht zur Geltung kommen und leicht übersehen werden kann. Gross und breit dagegen präsentirt sich ein grelles, übertriebenes Geschichtsbild von *Matejiko* in Krakau, „der

Reichstag zu Warschau im Jahr 1773", welches in wildem Durcheinander und ungebändigter Farbenraserei wohl eine symbolische Bezeichnung des sprichwörtlich gewordenen Wirrwarrs polnischer Reichstage gewährt, im Uebrigen aber trotz des unleugbaren Talents nicht die Anerkennung verdient, welche die Jury ihm hat zu Theil werden lassen. Ausserdem sind etwa noch eine geschichtliche Scene des Ungarn *Benczur*, Ladislaus Hunyady nimmt Abschied von seinen Freunden, ferner die tüchtigen Schlachtenbilder des verstorbenen *l'Allemand*, Gefechte bei Oberselk und bei Oversee, die hübschen Genrebilder von *Friedländer* und *Löffler* und ein paar gute Portraits von *Horovitz* und *O. v. Thoren* (Reiterbild des Kaisers von Oesterreich), sowie die vorzüglichen Aquarellen von *Robert Alt* zu nennen.

Aus dem magyarisch-slavisch-deutschen Völkergemisch Oesterreichs kommen wir nun zuletzt zu den Leistungen der deutschen Schulen. Wie schon angedeutet können wir sie nur theilweise mit einiger Befriedigung durchmustern. Schon die leidige Zersplitterung in kleine und kleinste Sondergruppen macht eine gute Gesammtwirkung unmöglich und erschwert ausserordentlich die Betrachtung. Denn all diesen engen und engherzigen Bilderpferchen entsprechen eben so viele Einzelrubriken des Katalogs, die mindestens den fremden, mit deutscher Geographie wenig vertrauten Beschauer in Verzweiflung setzen müssen. Am meisten leiden durch diese Vereinzelung die kleineren süddeutschen Länder. Heben wir wenigstens aus dem Grossherzogthum Hessen die frischen Genrebilder von *Carl Schlösser*, aus Baden die stimmungsvollen Landschaften von *Georg Saal*, dessen Arbeiten man es anmerkt, dass der Künstler seit Jahren schon in Paris lebt, sowie eine ernste Landschaft des verstorbenen *J. W. Schirmer*, ein tüchtiges Geschichtsbild von *Dietz* und das poetisch empfundene Bildchen des zu früh der Kunst entrissenen *Kachel* hervor. Unter den Württembergern ist *Neher* mit den gediegenen Kartons zu den Weimarer Fresken, *Rustige* mit seinem wohlbekannten Herzog von Alba zu Rudolstadt, *Hüberlin* mit der lebenswahren und tüchtig gemalten Aufhebung des Klosters Alpirsbach und den etwas dramatisch bewegten Weibern von Schorndorf, *Schütz* mit dem gemüthvollen Bilde aus dem schwäbischen Volksleben (Mittagsruhe bei der Feldarbeit) und *Bauerle* mit seinen breit und flott behandelten „Waisenkindern" zu nennen.

Doch hat bei letzterem die Farbe noch nicht jenen tieferen seelenvollen Ton erreicht, der sie zum symbolischen Ausdruck der Stimmung macht und dadurch erst eine eigentliche koloristische Wirkung hervorbringt, wie das, um ein verwandtes Beispiel anzuführen, Gallait's slavische Musikanten in so hohem Grade thun.

Die einzige unter den deutschen Schulen, welche ihre Ausstellung mit Ernst und Eifer zu einem vollkommenen Spiegelbild ihrer neuesten Leistungen gemacht hat, ist die Münchener. Es fehlt zwar nicht an einer Reihe jener grossen sogenannten Geschichtsbilder, deren Werth nicht im richtigen Verhältniss zu ihrer räumlichen Ausdehnung steht, und in denen die Münchener Historienmalerei, von den Prinzipien der alten Schule abgewichen, weil dieselben in der That den bescheidensten Anforderungen an formale und koloristische Durchbildung nicht entsprachen, gleichwohl zur Bedeutung einer wirklichen monumentalen Kunst sich nicht aufzuschwingen vermocht hat. Daneben bezeugt aber auch hier die technische Behandlung einen erfreulichen Fortschritt, obschon derselbe nur in den mehr naturalistischen Zweigen der Malerei sich bemerklich macht. Dass selbst die wohlwollende Förderung eines freigebigen Fürsten die Kunst nicht gegen die herrschende Strömung der Zeit auf der Höhe halten kann, sieht man an der Reihenfolge von Bildern, welche König Max für das von ihm gegründete Maximilianeum hat ausführen lassen. Weder der abgeschwächte Kaulbach in *Philipp Foltz's* Perikles und in seinem Barbarossa, vor Heinrich dem Löwen knieend, noch die ganz äusserliche Bravour in *Piloty's* Fahnenweihe der Liga, vermag irgend ein, sei es künstlerisches, sei es historisches Interesse zu erregen; selbst die noble Farbenpracht und Gestaltenfülle in *A. v. Ramberg's* Hof Friedrichs II. zu Palermo genügt nicht, um eine so grosse Bildfläche zu rechtfertigen. Nur *Kaulbach's* Reformationskarton, obwohl sich Einzelnes an der Composition und an gewissen zu spitzfindigen Einfällen aussetzen lässt, steht doch im Ganzen auf der Höhe einer historischen Stimmung. Die Sympathieen der heutigen Welt werden sich freilich überwiegend den koloristischen Realisten oder realistischen Koloristen zuwenden, deren Anführer in München bekanntlich *Carl Piloty* ist. Bei unleugbarer Begabung für das Malerische, bei tüchtigem technischen Geschick und energischem Streben fehlt es diesem Künstler indess vor Allem an der geistigen Schneide, um historischen Aufgaben zu genügen. War dies früher schon an seinem Seni vor Wallenstein's Leiche, seinem Nero und am empfindlichsten an seinem gänzlich misslungenen Galilei im Gefängniss zu spüren, so beweisen auch die in Paris ausgestellten Werke denselben Mangel. Am besten ist ohne Frage sein Tod Cäsar's, wo der gewählte Moment dicht vor der That, die Verschworenen mit gezückten Dolchen den Imperator umringend, lebendig genug geschildert wird. Nur sollte freilich die geistige Gewalt eines Cäsar ganz anders zum Ausdruck gelangen, und namentlich sollte der Künstler auf die wohlfeile Spielerei mit der Spiegelung des polirten Marmorbodens verzichtet haben. Ist es denn so schwer einzusehen, dass es gegen alle Stylgesetze verstossen, ja gegen das eigene Fleisch wüthen heisst, wenn in einer solchen Scene furchtbarer Tragik der Maler noch Zeit behält, eine Nebensache so bedeutungsvoll durch die Behandlung zu steigern, dass die Aufmerksamkeit des Beschauers getheilt und zum Schaden der Wirkung abgelenkt wird? So nothwendig ist es, dass auch die brillanteste Palette unter die Zucht des künstlerischen Verstandes sich beuge. Von den Schülern Piloty's haben wir nur den sehr begabten *Gabriel Max* wegen seiner Märtyrin zu nennen, ein Bild von stimmungsvoller Tiefe des Kolorits, aber nicht ohne ein gewisses Raffinement, das in seiner Spekulation auf die Sentimentalität des gewöhnlichen Zuschauers sehr modern in des Wortes schlimmer Bedeutung ist. Man sieht in fast nächtlichem Halblicht eine junge elegante Christin, die den Kreuzestod erlitten hat. Ein junger Römer, vielleicht von einem Gelage vorbeikommend, wirft sich am Kreuze nieder, wohl in reuevoller Zerknirschung, die indess wahrer und ergreifender zu schildern gewesen wäre. Das Schauerliche in dieser Art zum Vehikel für weichliche Rührung zu machen, ist nicht die Sache einer gesunden Kunst.

Gegenüber diesen überwiegend realistischen Bestrebungen treffen wir hier mehr als anderswo auf eine Reihe von Künstlern, die eine ideale Auffassung vertreten. Dahin gehört *Genelli* mit seiner kolorirten Zeichnung Herkules bei Omphale, einer hochpoetischen Composition von grandiosem Schwung der Linien, der man gewisse bei Genelli unvermeidliche Manieren in der Zeichnung der Köpfe und der Gestalten zu Gute hält; dahin eine Anzahl anmuthiger Bildchen *M. v. Schwind't's*, denen man leider alle Wirkung geraubt hat, indem man sie hie und dahin verzettelte, statt sie in geschlossener Reihe zusammenzuhalten, wo dann die phantasiereiche Natur des Künstlers schon zur Geltung gekommen wäre. Von der jüngeren Generation ist hier an erster Stelle *Anselm Feuerbach* zu nennen, der wohl zuweilen in ein etwas eigensinniges Kolorit verfällt, aber stets eine grosse Empfindung in männlich ernster Stimmung ausspricht. So in den musicirenden Kindern und der Beweinung Christi. Hierher gehören noch *Lenbach* mit seinen Portraits, die an Kraft des Helldunkels Rembrandt glücklich nacheifern; *Füssli* ebenfalls mit einigen breit und malerisch behandelten Bildnissen; *Victor Müller* mit einem historischen Genrebild, mehreren Portraits und Hero und Leander, einem Gemälde, das ein tüchtiges Studium van Dyck's verräth. Ausserdem noch *Ramberg* wegen der liebenswürdigen Illustrationen zu Hermann und Dorothea, *Lindenschmidt, Baumgarten, Spitzweg* mit guten Genrebildern, *Franz Adam* und vor Allen *Theodor Horschelt* mit vorzüglichen Schlachtenscenen, letzterer in seinen Schilderungen der russischen Kämpfe im Kaukasus unübertroffen an Gewalt der Darstellung, meisterhafter Prägnanz der Zeichnung und Schärfe der Charakteristik.

Auch einige treffliche Landschaften sind vorhanden, vorzüglich von *Adolph Lier, Schleich, Christian Morgenstern* und *Stephan*, ferner von *Bernhard Fries, Bamberger, Löffler* und *Rottmann*. Daran schliessen sich gediegene Thierstücke von *Friedrich Voltz* und *Anton Braith*, endlich gute Architekturbilder von *Mayer* in Nürnberg.

Um schliesslich auf Preussen und die mit ihm vereinten Staaten Norddeutschlands überzugehen, erinnern wir an das schon oben Gesagte, dass die Ausstellung von dort aus ungebührlich schwach beschickt worden ist. Wollte man aber einmal überhaupt auf der Weltausstellung auftreten, so hätte eine eifrigere Betheiligung sich wohl gelohnt. Sowohl Düsseldorf als Berlin mussten eine ganz andere, viel bedeutendere Reihe von Bildern stellen. Künstler wie *Meyerheim, Menzel, Magnus, Richter*, die beiden *Achenbach* hätten viel umfassender vertreten sein sollen, andere sind gänzlich ausgeblieben. Trotz alledem ist dennoch eine Anzahl werthvoller Werke ausgestellt, in denen die verschiedenen Richtungen der deutschen Malerei zur Erscheinung kommen. Beginnen wir mit den Werken eines idealen Gehaltes, so haben wir einen der letzten Cartons von *Cornelius* zum

Campo santo in Berlin, eine Anzahl schön stylisirter Heiligengestalten in kolorirten Cartons zu Glasfenstern von *Pfannenschmidt*, eine männlich ernste Grablegung Christi von *Roeting*, endlich *Plockhorst's* edel empfundenen Christus bei Magdalena hervorzuheben. Von *Henneberg* ist die geniale Composition des wilden Jägers vorhanden, ein Werk von kühner Kraft und hohem Flug der Phantasie. Unter den Historienbildern zeichnet sich *Menzel's* Ueberfall bei Hochkirch durch die unvergleichliche Wahrheit, mit welcher der Ungestüm und die Verwirrung einer solchen nächtlichen Schreckensscene geschildert sind, *Scholtz'* Bankett der wallensteinischen Generale durch schönes Kolorit und treffliche historische Stimmung aus. Dagegen kann das grosse Bild von *Julius Hübner*, Luther's Disputation mit Eck, in Zeichnung, Malerei und Ausdruck nur als gänzlich verfehlt bezeichnet werden. *Knaus* ist mit einer ganzen Reihe seiner vorzüglichen Genrebilder erschienen, die nur bisweilen in der Färbung des Fleisches Neigung zu einer Manier verrathen, welche der begabte Künstler leicht vermeiden kann, wie z. B. seine kartenspielenden Schusterjungen und die Passeyrer Bauern vor ihrem Pfarrherrn beweisen. Feinen koloristischen Reiz haben die Genrebilder von *Karl Becker* aus Berlin; ausserdem sind ein liebenswürdiger *Meyerheim*, ein guter *Jordan* und mehrere hübsche Genrescenen von *Heilbuth* zu erwähnen. Einige etwas äusserlich elegante Portraits von *Fr. Kaulbach*, gute Bildnisse von *Magnus* und *G. Richter*, endlich lebendig geschilderte Kriegsscenen von *Camphausen* und *Hünten* sind ebenfalls beachtenswerth. In der Landschaft steht *Andreas Achenbach* nicht auf seiner Höhe, auch *Oswald Achenbach* und der ihm nacheifernde *Flamm* sind nicht genügend vertreten. Nennen wir noch die lebendigen Thierstücke des früh verstorbenen *Schmitson*, der besonders das ungebändigte Steppenross prächtig zu malen verstand, ferner die Pferde von *Krüger* und *Steffeck*, sowie die vorzüglichen Schafe *Brendel's*, endlich die meisterhaften Architekturbilder *Gräb's*, so wird alles Beachtenswerthe damit so ziemlich erschöpft sein.

Ein vergleichender Rückblick über die deutschen Leistungen und diejenigen der Franzosen wird für uns in mehr als einer Beziehung belehrend sein, denn gerade in der Gegenüberstellung mit einem uns innerlich so unähnlichen Volke erkennen wir am besten unser eigenes

Wesen, unsere Stärke und auch unsere Schranken und Schwächen. Nun wird wohl kein Einsichtiger leugnen wollen, dass auf der Seite der Franzosen die überlegene Technik, die vollkommnere malerische Wirkung, überhaupt das energischere Streben nach formaler Vollendung liegt, dass der Franzose aber an Reichthum der Phantasie, Tiefe der Ideen und Innigkeit der Empfindung vom Deutschen weit überragt wird. Der Franzose hat nicht viel Tiefes, Gewichtiges zu sagen, aber was er sagt, sucht er möglichst vollendet vorzutragen. Wie er seine Sprache schon im täglichen Verkehr zur höchsten Klarheit und fliessender Rundung ausprägt, während wir unsere ungleich edlere und reichere Sprache meist nachlässig sprechen und schreiben, so ist es auch in der Kunst. Wie eng begrenzt, wie dürftig und arm an Erfindung sind sogar die Hauptmeister des französischen Idealismus, ein David, Ingres, selbst Hippolyte Flandrin, verglichen mit unserm einzigen Cornelius, verglichen mit unserm Kaulbach, Schwindt, Rahl, Genelli. Aber in dem unablässigen Streben, sich aller Darstellungsmittel zu bemächtigen, wie hoch stehen da die französischen Idealisten über den deutschen! Wie lehrreich ist in dieser Hinsicht die seit Kurzem in der Ecole des beaux arts eröffnete Ausstellung der Werke des jüngst verstorbenen Ingres! Der schlimmste Feind unserer deutschen Kunst ist aber jene hochmüthige Verblendung, welche uns einreden will, es sei unnöthig, ja wohl gar sündhaft und undeutsch, gut malen zu können. Haben wir ja kürzlich von unwissenden Enkomiasten es förmlich als eine Tugend unseres grossen Cornelius rühmen hören, dass er den sinnlichen Reiz der Farbe verschmäht habe; rechnet man ihm doch selbst die in manchen späteren Werken unleugbaren Uebertreibungen und Verstösse als sittliche und künstlerische Verdienste an. Als ob nicht sogar ein Michel Angelo mit dem ganzen Ungestüm seiner Kraftnatur und mit glänzendem Erfolge sich um gediegene malerische Durchführung seiner Fresken bemüht hätte! Als ob unsere deutschesten Meister Dürer und Holbein nicht mit aller Anstrengung, und wahrlich nicht vergebens, ihr Lebenlang auch nach möglichster koloristischer Vollendung gerungen hätten!

Ist der Deutsche von Natur für die edle Kunst der Malerei stiefmütterlicher bedacht als der Franzose? Die Antwort können wir wohl der langen Reihe trefflicher Künstler überlassen, die bei uns im 15.

und 16. Jahrhundert geblüht haben. Was vermögen die gleichzeitigen Franzosen, obwohl sie kunstliebende Fürsten hatten, die damals in Deutschland gänzlich fehlten, unseren Schongauer, Zeitblom, Schaffner, unsren Burgkmaier und Holbein, unseren Wohlgemuth, Dürer, Cranach und so manchen anderen Namen gegenüber zu stellen? Warum also sollte Deutschland, das gedankenreiche, gemüthstiefe, das eine solche künstlerische Vergangenheit aufzuweisen hat, nicht von Neuem den ersten Platz in der lebenden Kunst einnehmen? Aber um das zu können, muss vor Allem der Grundsatz bei uns in Fleisch und Blut übergehen: dass, was in einem Kunstwerk nicht zu voller Erscheinung, zum schönheitverklärten sinnlichen Ausdruck gelangt, für den unbefangenen Beschauer auch wirklich nicht darin vorhanden ist. Die geistreichsten Erklärungen helfen da so wenig wie die gedruckten Programme unserer Zukunftsmusiker. Um aber den Respekt vor künstlerisch vollendeter Form als dem Medium, durch welches der bildende Künstler allein seine Gedanken zur Erscheinung zu bringen hat, wieder zu erlangen, muss unsere Kunst von ihrer luftigen Wolkenhöhe einstweilen herabsteigen und muss in strenger Schule erst das Handwerk sich vollkommen zu eigen machen. Bei der Erneuerung des deutschen Lebens hat man den Irrthum begangen, die Kunst gleichsam in den blauen Aether hineinzustellen, statt ihr eine breite Unterlage im wirklichen Leben zu geben. Die Meister der Renaissance in Italien wie in Deutschland fingen in der Regel mit einem Handwerk an, konnten fast sämmtlich als Goldschmiede, Holzschnitzer, Intarsiatoren, Steinmetzen die mannichfachsten Arbeiten ausführen. Diese Verbindung mit dem Handwerk muss unsere Kunst wieder gewinnen; sie muss in fruchtbare Wechselwirkung mit dem Leben treten und im Zusammenhang mit einer regsamen Kunstindustrie schaffen. In Frankreich hat die Kunst zum grossen Theil diese Vorzüge wieder gewonnen, und was sie denselben verdankt, liegt unverkennbar zu Tage.

Und noch Eins kommt der französischen Kunst zu Statten. Die Concentration aller Kräfte an einem Punkte erzeugt einen Wetteifer, der freilich häufig seine Ziele etwas zu äusserlich nimmt, aber doch ein mächtiges Mittel der Förderung bleibt. In Deutschland hat die Vertheilung in eine Anzahl selbständiger kleiner Kreise ohne Frage wohl manches Gute zur Folge gehabt, aber auch eine selbstgefällige

Abschliessung hervorgerufen, die der Kunst schädlich geworden ist. Fast überall nehmen daher diejenigen deutschen Maler den ersten Platz ein, welche eine Zeit lang in Paris gearbeitet haben und in die dortige grosse Arena mit eingetreten sind. Dass sie darum ihre deutsche Eigenthümlichkeit nicht aufzugeben brauchen, dafür liegen Beweise genug vor Augen. Was wir aber, um der gerügten Isolirung vorzubeugen, besonders empfehlen möchten, wären periodisch wiederkehrende Gesammtausstellungen der deutschen Kunst ähnlich wie jene historische Ausstellung, welche vor neun Jahren in München stattfand. Die Regierungen sollten dann aber die Mittel gewähren, den anerkannten Künstlern durch Ankauf vorzüglicher Werke, oder bedeutende Bestellungen mehr als bisher einen nachhaltigen Antrieb zu geben. Wohl wissen wir, dass der Staat allein keine Kunst hervorrufen kann; aber ebenso unleugbar ist, dass er die Pflicht hat, der wirklich vorhandenen Kunst diejenige Pflege angedeihen zu lassen, welche er in seinem eigenen Interesse allen höheren Kulturbestrebungen widmet.

II.

Obwohl die plastischen Werke aus naheliegenden inneren und äusseren Gründen auf der Ausstellung verhältnissmässig wenig zahlreich vorhanden sind, wird unser Bericht hier doch nicht die annähernde Vollständigkeit beanspruchen können, wie bei den Leistungen der Malerei. Die Bildwerke finden sich in so vielen Theilen des Gebäudes und seiner Umgebungen verstreut, dass Manches gar zu leicht selbst öfter wiederholten Nachforschungen sich entziehen kann. Einzelne kolossale Monumente, namentlich Reiterstatuen, sind im Parke aufgestellt; eine grosse Anzahl von Werken in Marmor und Erz hat im innern Garten Platz gefunden; das Uebrige ist in die verschiedenen concentrisch laufenden Corridore und die Quergänge, sowie unter dem Schutzdach, das den inneren Garten umzieht, vertheilt. Ist hier also das Aufsuchen erschwert, eine Uebersicht fast unmöglich gemacht, so steigerte sich die Schwierigkeit dadurch, dass während unsrer Anwesenheit die grosse Mehrzahl der plastischen Werke noch keinerlei Nummerbezeichnung trug, so dass man gezwungen war, den Namen des Künstlers am Postament oder wo er sonst angebracht war, mühsam aufzusuchen. Endlich war für die Betrachtung der im Garten aufgestellten Werke der Sonnenschein eben so hinderlich wie der Regen, die Auswahl einer günstigen Stunde also mit grossen Einschränkungen verbunden.

Eine Ueberzeugung, die sich uns früher bei wiederholten Studien französischer, italienischer und deutscher Plastik aufgedrängt hatte, erhielt auf der Weltausstellung ihre volle Bestätigung: die Ueberzeugung von dem zweifellosen Uebergewicht, welches die deutsche Sculptur, speciell die der Berliner Schule, zu der man auch Rietschel rechnen muss, in der monumentalen Plastik über alle modernen Bildhauerschulen behauptet. Wie zahlreich immer in Frankreich die öffentlichen Denkmäler sind, wieviel der Staat auch hiefür gethan hat und noch thut: wir wüssten doch kein französisches Denkmal von wahrhaft monumentalem Gepräge zu nennen. Alle derartigen Arbeiten fallen dort in's Dekorative, in's Theatralische, oder wie die geistreichen Werke von David d'Angers in's naturalistisch Styllose. Sie lassen sich nicht mit den zahlreichen trefflichen Statuen vergleichen, welche bei uns in Deutschland ausgeführt worden sind. Je mehr Schwierigkeiten der Transport kolossaler Werke dieser Art verursacht, um so erfreulicher für den Deutschen die Wahrnehmung, dass einige tüchtige und eine ganz hervorragende Schöpfung vorhanden waren. *Drake's* bronzenes Reiterbild des Königs Wilhelm von Preussen, für das eine Portal der Kölner Eisenbahnbrücke bestimmt, ist in der That ein Meisterwerk ersten Ranges. Indem es den stattlichen Fürsten auf rüstig einherschreitendem Schlachtross in kriegerischer Tracht und Haltung und doch in schlichter Natürlichkeit vorführt, giebt es ein durchaus lebenswahres, aber in's Monumentale gesteigertes Bild des Königs. In der Behandlung des Rosses hat der Künstler die Klippe, an welcher die Mehrzahl der modernen Reiterbildnisse gescheitert ist: die einer zu eleganten Auffassung, glücklich vermieden, ohne in den entgegengesetzten Fehler einer grobknochigen, plumpen oder gemeinen Form zu fallen. Seit dem Monument des grossen Kurfürsten zu Berlin ist kein Reiterbild geschaffen worden, welches so sehr mit den Anforderungen des Stylvollen, Monumentalen die Bedingungen feinster Durchbildung, frischester Lebenswahrheit verbindet. Neben diesem Werke vermag man die andern Kolossalstatuen der Ausstellung kaum anzusehen, weder Leopold I. von *Geefs*, noch Dom Pedro oder Karl den Grossen von *Rochet*. Auch *Bläser's* Reiterbild Friedrich Wilhelm's IV., das auf dem entsprechenden zweiten Portal der Kölner Brücke bereits aufgestellt, in einem kleineren Modell vorhanden war, ist eine tüchtige Arbeit, wenn sie auch, an sich schon minder dankbar, jenem ersten nicht gleich kommt. Von Bläser ist auch das frisch componirte und durch seine charakteristischen Portraitgestalten anziehende Relief der Einweihung der Dirschauer Brücke, dessen Original das Portal jenes grossartigen Werkes moderner Ingenieurkunst schmückt: abermals ein Beweis, dass Preussen für eine künstlerische Ausstattung auch solcher Schöpfungen der Technik Sorge trägt. Endlich wurde selbst das Monument Friedrichs d. Grossen in seiner geistvollen, wenn auch etwas zu reichen Anlage durch eine kleinere Nachbildung in Erinnerung gebracht. Im Uebrigen hätte auch in der Plastik Nord-Deutschland viel vollständiger vertreten sein sollen, denn was wäre Alles aufzustellen gewesen, wenn Berlin und Dresden mehr Eifer bewiesen hätten. Von *Rietschel* ist keine der charaktervollen monumentalen Schöpfungen vorhanden; nur das allerdings köstliche Relief des Panthers, der mit dem kleinen Amor durchgeht, gibt einen Beweis, wie anmuthig der Meister auf dem sonst von ihm nur selten betretenen Gebiete antiker Stoffe sich zu bewegen, wie schalkhaften Humor sein ernster Geist darin zu entfesseln wusste. *Wittig* hat seine edel empfundene, grossartig aufgebaute und in mächtigen Formen behandelte Hagargruppe ausgestellt. Von *Reinhold Begas* ist der ein Kind unterweisende Pan, ein Werk voll Naivetät und einfach reiner Naturstimmung vorhanden. Ausserdem die Frau nach dem Bade, eine Gestalt, die wohl warm gefühlt aber nicht edel genug durchgebildet ist, um plastischen Anforderungen zu genügen. Der linke Oberarm und manches Andere ist geradezu hässlich, und so glücklich das Motiv der Bewegung ist, so will es uns doch scheinen, als sei dasselbe nicht zu vollem rhythmischen Einklange zusammengehalten. Begas hat den richtigen Weg einer frischeren Naturauffassung eingeschlagen, um dem kalten abstrakten Ideal zu entfliehen, das durch die ewige Nachahmung der späteren, schon conventionell gewordenen Antike unsrer Plastik zu so viel unsterblicher Langeweile verholfen hat. Die Griechen der besten Zeit sind ideal im Inhalt, aber naturalistisch in der Form ihrer plastischen Werke gewesen, daher jene Grösse der Auffassung, die uns an den Sculpturen des Parthenon immer von Neuem zur Bewunderung hinreisst. Aber so wie Phidias und seine Schule muss man die Natur benutzen, so gross sie anschauen, so rein von allem Unedlen sie zur Erscheinung bringen. Schön aufgebaut und ausdrucksvoll ist die Gruppe der Nacht, welche *Schilling* für die Brühlsche Terrasse in Dresden gearbeitet hat; feines Naturgefühl zeigt der trunkene Faun, von *Sussmann*, eine lebensvolle Charakteristik die Statue des jugendlichen Friedrich II. von demselben Künstler; ein hübsches fleissig ausgeführtes Figürchen ist der junge Bacchus von *Eduard Mayer* in Rom, und *Elisabeth Ney* endlich hat einige gute Portraitbüsten und Statuetten, namentlich die geistvoll aufgefasste Büste des Grafen Bismarck beigesteuert. Damit sind wir aber schon am Ende des Erwähnenswerthen.

Von Süddeutschland wäre gar nichts zu sagen, wenn nicht *Steinhäuser* in der badischen Abtheilung seinen gothischen Altar und einen Osterkandelaber, sowie eine Mignon, Werke von weicher Empfindung und liebevoller Ausführung, ausgestellt hätte. München rühmt sich wohl eines rüstigen Betriebes seiner Plastik und der unermüdliche Eifer König Ludwigs lässt noch jetzt fast jedes Jahr neue Bronzemonumente berühmter Männer errichten: aber von all diesen Werken können nur die beiden ausnahmsweise von Ausländern (Rauch und Thorwaldsen) geschaffenen auf höheren künstlerischen Werth Anspruch machen. Die einheimische bayrische Monumental-Plastik leidet an einem der schlimmsten Grundfehler: Mangel an jeglichem Gefühl für Durchbildung und vollendete Ausprägung der Form. Aber selbst von den einzelnen gelungenen Schöpfungen eines anmuthigeren Genres ist Nichts zur Ausstellung gelangt, ausser den lebensfrischen Thiergruppen von *Habenschaden*, dem Tannhäuserschild von *Knoll* und einem Basrelief von *Wagmüller*.

Auch in Oesterreich sieht es armselig mit der edlen Kunst der Bildnerei aus. Die Schweiz hat an *Robert Dorer* einen unter Rietschel tüchtig geschulten Plastiker, von dem eine gute Statue A. v. Haller's vorhanden ist. Ausserdem sind etwa die Marmorstatuen einer Ophelia und einer Sclavin auf dem Markte von *Caroni* aus Tessin zu nennen. Bei den Spaniern fällt eine gut ausgeführte Indianerin von *Figueras* auf. Griechenland, die alte Heimat der Plastik, bringt eine Anzahl von Marmorarbeiten, unter denen die Sappho von *Leonidas Drosis* Erwähnung verdient. Aus Dänemark ist *H. V. Bissen* mit einigen lebenswahren Arbeiten, namentlich mehreren Büsten erschienen. Unter den russischen Arbeiten ist eine Mutter mit dem Kind im Schooss, von *Kamensky*, als eine herzlich empfundene Gruppe hervor zu heben. Mehrere tüchtige Arbeiten hat Nordamerika ausgestellt. So von *Ward* den indianischen Jäger mit seinem Hunde, höchst energisch und lebensvoll, von *Thompson* eine gute Statue Napoleons, von *Volk* eine frisch aufgefasste Büste Lincolns und endlich von Fräulein *Henriette Hosmer* zwei Faune, von denen der eingeschlafene fein empfunden ist.

Unter den belgischen Sculpturen sind uns die höchst originellen kleinen Gruppen in gebranntem Thon von *Leopold Harzé* aufgefallen. Ohne Anspruch auf plastische Bedeutung sind sie nichts Anderes als in Thon übersetzte Genrebilder, deren zierlicher Maassstab eine solche Uebertragung rechtfertigt. Nichts humoristischeres als diese Gruppen in ihrer scharf realistischen Beobachtung und Wiedergabe des Lebens. Scenen wie Fallstaff und Dorothea, der bourgeois gentilhomme nach Molière, Tartüfe, oder auch die hochpossierliche Strassenjungentragödie sind von einer solchen elementaren vis comica, dass selbst der eingefleischte Murrkopf ihnen nicht widerstehen wird. Die Ausführung zeigt eine Feinheit und Schärfe, dass man versucht ist zu glauben, einer der alten Genremaler des Landes sei wieder auferstanden, um seine zierlichsten Kabinetstücke in Thon zu übertragen.

Ein ansehnliches Contingent von Sculpturwerken hat Italien ausgestellt: aber es ist Weniges dabei, das Erwähnung verdient. Der Geist der italienischen Plastik hat seine Auferstehung zu einem neuen Leben noch nicht gefeiert. Er steckt noch überwiegend in den Fehlern und Unarten der früheren Epoche. Die meisten Arbeiten sind süsslich, übertrieben im Ausdruck, manierirt in den Formen, malerisch kokett, wozu die grosse Virtuosität in der Marmorbehandlung die dortigen Künstler meist verleitet, kurz es fehlt an Adel der Form, Einfachheit der Empfindung, mit einem Wort an den Grundbedingungen plastischen Styles. Zu den besseren Arbeiten gehören *Vela's* Napoleon I. in seinen letzten Lebenstagen, *Boggio's* einfach tüchtige Büste Victor Emanuel's, *Lazarini's* schlichte, aber etwas genrehafte Hagargruppe, *Jean Dupré's* Pietas, die indessen besser aufgebaut sein könnte, und etwa *Fantacchiotti's* Eva.

Am ansehnlichsten ist auch in der Plastik Frankreich vertreten. Dass die monumentalen Schöpfungen durchgängig unbedeutend sind, wurde schon hervorgehoben. Der Mangel an geschichtlichem Sinn, an thatkräftigem Interesse für das öffentliche Leben spricht sich darin unverkennbar aus. Dagegen bewegt sich die französische Bildnerei mit angebornem Talent und entschiedenem Glück in den Gebieten des Anmuthigen, sinnlich Reizenden, selbst des schlicht Naiven. Nicht allein dass die Schönheit des unverhüllten menschlichen Körpers, vorzüglich des weiblichen, zur Verherrlichung kommt, und zwar hier mit mehr Recht und Anspruch auf Idealität als in der Malerei: auch jene einfachen Genrefiguren, die aus dem Leben besonders des Südens geschöpft sind, wie Rude und Duret sie mit unübertrefflichem Adel, schlicht und natürlich aufzufassen wussten, üben ihre Anziehungskraft. Dabei wird sowohl der Marmor mit grossem technischen Geschick bearbeitet als auch die Bronze sich einer trefflichen Behandlung erfreut, die den unvergleichlichen Antiken möglichst nahe zu kommen sucht, und die geistlose Art des Ciselirens vermeidet, durch welche so vielen neueren Werken in Deutschland gleichsam der Duft abgestreift, der Hauch künstlerischer Beseelung verwischt wird. Frische der Empfindung, natürlicher Adel der Form und Lebendigkeit der Motive in Stellungen und Bewegungen zeichnen eine gute Anzahl der französischen Schöpfungen dieser Art aus.

Zunächst nennen wir unter den in antikem Stoffkreise sich bewegenden die, welche uns eine besondere Aufmerksamkeit zu verdienen scheinen. *Millet's* Ariadne ist eine trefflich durchgeführte Gestalt, deren Ausdruck jedoch in's modern Empfindsame hinüber spielt. *Perraud* hat in seiner „Kindheit des Bacchus" eine lebensvolle, fein entwickelte, nur im Aufbau vielleicht etwas zu malerische Gruppe geschaffen. Eine frisch bewegte Bronzegruppe ist der mit einem Bock spielende junge Faun von *Fesquet*; eine üppige Marmorfigur voll quellenden sinnlichen Behagens hat *Frison* aus dem Kreise bacchischer Gestalten geschöpft, auch *Gustave Crauk* bewegt sich besonders mit der anziehenden Marmorfigur eines jungen Fauns glücklich im Gebiete heiteren Naturlebens. Ein liebenswürdiges Figürchen ist *Aizelin's* sitzende, die Lampe in der Hand haltende Psyche. *Robert* hat in der Deidamia eine nobel empfundene Statue hingestellt, *Maillet* in der Agrippina, welche die Asche des Germanicus trägt, eine edle Gestalt geschaffen, bei der indess durch die Verschleierung des Antlitzes ein spielend malerisches Element sich aufdrängt. Eine tüchtige idealisirte Portraitgestalt ist endlich des verstorbenen *François Moreau* sitzender Aristophanes. Hier möge sich sodann der Neophyt von *Cavelier* anschliessen, ein Werk von edler Anlage und gediegener Durchführung, dessen etwas ekstatischer Ausdruck, ohne über die Grenzen der Plastik hinaus zu gehen, von charakteristischer Stimmung ist. Originell sind vier grosse Basreliefs von *Triquetti*: Moses, das Volk Israel segnend; David unter göttlicher Inspiration die Psalmen dichtend; Daniel in der Löwengrube; Nathaniel unter dem Feigenbaume. Diese Reliefs, begleitet von kleineren Darstellungen und umfasst von verschiedenfarbiger Marmor-Inkrustation, geben eine stylvolle Dekoration und sind als Wandbekleidung für die Kapelle zu Windsor geschaffen, welche die Königin Victoria dem Andenken ihres verstorbenen Gemahls gewidmet hat.

Eine besondere Gruppe bilden die Genrefiguren, die abgesehen von einem idealen Inhalt meist ein schlichtes Motiv in feiner Naturwahrheit ausprägen und eben durch anspruchslose Naivetät und edlen rhythmischen Zug gleichwohl eine erhöhte Stimmung hervorrufen. Dahin gehört vor Allem die jugendliche Bronzefigur eines florentinischen Sängers des 15. Jahrhunderts von *Paul Dubois*, der auch eine gute Bronzestatue des h. Johannes als Knaben ausgestellt hat. Von trefflicher Bewegung ist der junge Equilibrist von *Blanchard*, ebenfalls eine Bronzefigur, wie denn gerade dieses Material zur Darstellung der straff elastischen Formen geschmeidiger Jünglingsgestalten als das geeignetste sich bewährt hat. Es spricht für den feinen künstlerischen Sinn der Franzosen, dass sie die Bronze und den Marmor, der für rein ideale Aufgaben und für die weichere Fülle weiblicher Formen sich vorzüglich empfiehlt, nach der Verschiedenheit der Aufgaben zu verwenden wissen. Die alten griechischen Meister haben darin der Plastik für alle Zeiten den richtigen Weg gewiesen, und es ist umgekehrt ein Zeichen von mangelhafter künstlerischer Einsicht, wenn, wie es neuerdings so oft bei uns geschehen ist, bei aufzuführenden Denkmalen das eine Material willkürlich mit dem andern vertauscht wird. Der wohlerwogenen Unterscheidung, welche die Franzosen in dieser Hinsicht machen, verdankt man die treffliche technische Behandlung, die sie dem einen wie dem andern Material zu Theil werden lassen. Freilich fehlt es auch hier bei dem rastlosen Experimentiren gelegentlich nicht an Irrthümern und Uebertreibungen; so wenn *Delaplanche* seine artig erfundene Bronzefigur eines auf einer Schildkröte reitenden Kindes mit breiten Tupfen, vereinzelten groben Pinselstrichen ähnlich, bedeckt, um der Haut eine noch natürlichere Weichheit zu geben; so wenn *Frémiet* in seinen lebensfrischen Reiterstatuen eines gallischen Häuptlings und eines römischen Anführers eine naturalistisch harte Schraffirung zur Charakteristik verwendet. Aber dies sind vereinzelte Versuche; die Mehrzahl der Bronzen zeigt eine gediegene stylvolle Behandlung. Zu den schlichten anziehenden Genrefiguren gehört noch die frei bewegte, tüchtig ausgeführte Gestalt eines Mädchens von *Gumery*, der in der „Jugend" ein anmuthiges Marmorwerk und in der „Wissenschaft" eine Arbeit von mehr monumentalem Gepräge geschaffen hat. Ein glückliches gut erfundenes Motiv hat die Marmorfigur eines Kreiselspielers von *Léon Perrey*, nur dass der Ausdruck des Kopfes nicht genug Naivetät zeigt. Eine elastisch feine Bronzestatue ist *Sanson's* Saltarellatänzer, ein geistreiches Werk die Bronzegestalt des bösen Feindes wie er Unkraut säet, von *Jean Valette*. Endlich seien noch das junge Mädchen an der Quelle von *Truphème*, eine reizende Marmorstatue, und *Delorme's* junges Mädchen, eine Blume pflückend, ein Figürchen von unschuldigem Ausdruck, hervorgehoben.

Die **Architektur** ist auf der Ausstellung nur durch drei Länder in nennenswerther Weise vertreten: Frankreich, England und Oesterreich. Armseliger als Deutschland die architektonische Abtheilung beschickt hat, lässt sich nichts denken. Und doch hätten wenigstens Berlin und München Zeugnisse einer immer noch lebhaften Bauthätigkeit aufzubringen vermocht. Berlin hat allerdings von seiner umfangreichsten architektonischen Unternehmung, dem neuen Rathhause *Waesemann's*, durch ein Modell und mehrere Zeichnungen genügende Proben eingeschickt, um diesen geistesarmen Bau in seiner ganzen Trostlosigkeit vor Augen zu bringen. München hätte sich in ein noch schlimmeres Licht setzen können, wenn es einige der unter König Max in dem nur zu gut bekannten „neuen Baustyl" geschaffenen Werke ausgestellt hätte. Ist dort die Einsicht schon so weit gediehen, dass man aus Erkenntniss der eigenen Schwäche dies unterlassen hat, dann wollen wir solches Ausbleiben loben. Unter den Schweizern finden wir *Semper* mit seinem Entwurf eines Theaters für Rio de Janeiro, einem genialen Renaissancebau, dem der Architekt eine gewisse tropische Ueppigkeit der Durchbildung gegeben hat. Schade, dass nicht auch die Pläne und das schöne Modell zum neuen Opernhause für München zur Ausstellung gekommen sind. Aus Süddeutschland sind nur *Denzinger* mit der gediegenen Restauration der Regensburger Domthürme und *Bäumer* mit einigen kleinen Entwürfen zu nennen.

In der ziemlich reichen Ausstellung der österreichischen Architekten ragt *Hansen* mit einer Anzahl seiner edlen meist in klassischer Strenge durchgeführten Entwürfe und mit einer interessanten Restauration des Lysikratesdenkmals zu Athen hervor, die manches Neue, vom bisher Bekannten Abweichende bietet. Ausserdem ist der in verschiedenen Formen mit Gewandtheit sich bewegende talentvolle *Ferstel*, endlich *Fr. Schmidt* als erprobter Vertreter der streng gothischen Observanz zu nennen. Der ungarische Architekt *Henszelmann* gibt eine beachtenswerthe Restauration der merkwürdigen Kirche S. Benigne zu Dijon.

Bei den Engländern herrscht ein lebhaftes architektonisches Schaffen, welches sich bei dem Reichthum der Nation in kernhafter Solidität der Anlage und grosser Opulenz der Ausstattung zu erkennen gibt. Dies sind Eigenschaften, die immerhin schon den baulichen Schöpfungen einen gewissen Werth, den Eindruck des Festen, Monumentalen verleihen. Was aber den künstlerischen Charakter betrifft, so sind die englischen Architekten in unserem Zeitalter des Eklektizismus wohl diejenigen, welche von dieser eklektischen Tendenz den umfassendsten Gebrauch machen. Denn während bei andern Nationen die klassisch-antiken, die mittelalterlichen und die Renaissance-Style den abgeschlossenen Kreis bilden, innerhalb dessen sich die neueren Schöpfungen bewegen, in den nur zu gewissen Aufgaben auch die maurische Bauweise gezogen wird, geben die Engländer der muhamedanischen und selbst der indischen Architektur fast gleiches Bürgerrecht mit den Stylen des Abendlandes. Konnte es doch kürzlich bei der Preisbewerbung um die neu zu erbauende Nationalgalerie dazu kommen, dass neben Entwürfen in griechischen, gothischen und Renaissanceformen sogar Pläne in maurischer und indischer Bauweise allen Ernstes eingereicht wurden. Ein phantastischer Hang, der im englischen Charakter, gleichsam für sich losgelöst, neben dem scharf verständigen Wesen hergeht, scheint ihnen die Vorliebe für die bunten, dekorativen Style des Orients nahe zu legen, wie ja auch ihre gothische Architektur schon seit dem 14. Jahrhundert in die bizarren Spielereien einer willkürlich gewordenen Ornamentik ausmündet. Im Uebrigen wenden die englischen Architekten meist die verschiedenen Style nach gewissen überlieferten Gewohnheiten an: die Gothik für Kirchen, Schulen und auch für Landsitze, die Renaissance in ihren mannichfachsten Schattirungen, die neuerdings auch bis zur Nachahmung des neuen Louvrestyles mit all seinen Ausartungen gediehen sind, für palastähnliche städtische Gebäude. Feinere Schönheit, selbständigen Charakter darf man in diesen Werken nicht suchen; am frischesten und eigenthümlichsten muthet uns noch die englische Gothik, namentlich in ihrer freieren malerischen Massengliederung an, in welcher erprobte Künstler wie *Barry*, *Scott* und *Street* Tüchtiges leisten. Am meisten Befriedigung im Ganzen gewährt die klare, verständige Anordnung der Grundrisse, in welchen sich besonders bei jeder Art von Wohnhäusern der Vortheil einer festen Sitte und Ueberlieferung wohlthuend geltend macht. Zu den begabtesten Architekten gehört *Waterhouse*, dessen Assisenhof zu Manchester als einer der besten unter den ausgestellten Entwürfen bezeichnet werden darf. Wie wenig aber in der Regel bei rein idealen Aufgaben die englischen Künstler sich zu helfen wissen, beweisen die verschiedenen Projecte zu einem Denkmal des Prinzen Albert, die in einer gewaltsam aufgethürmten Gothik meistens unpassend genug den Charakter einer modernen Persönlichkeit mit ihrem nur der heutigen Zeit angehörigen Wirken ausdrücken zu können wähnen. Eines ausgezeichneten Vorzugs indess dürfen wir zu gedenken nicht unterlassen, der den Entwürfen fast aller englischen Architekten eigen ist: der meisterhaften Art der Darstellung, die mit den einfachsten Mitteln, mit kräftiger Zeichnung und wenigen entschieden hingesetzten Farbentönen einen Effekt hervorbringt, der auf schärfster Beobachtung der Wirklichkeit beruht. Man erkennt darin wieder dasselbe technische Geschick, denselben offnen Farbensinn, dem auch die englische Aquarellmalerei ihren Ruhm verdankt.

An Umfang und innerem Gehalt überflügelt aber auch auf diesem Gebiete Frankreich weitaus alle übrigen Länder. Wie energisch die französischen Künstler arbeiten, welche Mühe, welch unverdrossnen Fleiss sie daran setzen, in Aufgaben jeglicher Art ihr volles Talent zu entfalten, das offenbart sich vielleicht nirgends so glänzend, als in den grossen Sälen und Corridoren, wo Hunderte von architektonischen Zeichnungen des grössten Maassstabes und der sorgfältigsten Ausführung selbst den flüchtigen Beschauer überraschen, anziehen und fesseln. Da gibt es nicht bloss eine Fülle von Entwürfen zu Gebäuden, die für die Ausführung bestimmt sind, sondern eine noch grössere Anzahl von umfangreichen Arbeiten tritt ihnen zur Seite, welche irgend ein altes Gebäude in idealer, auf genauen Aufnahmen beruhender Restauration vor Augen bringen. Nicht allein die Monumente von Frankreich, auch die anderer, oft entlegener Länder; nicht bloss Denkmäler des klassischen Alterthums auf griechischem oder italischem Boden, sondern die grossartigen Werke des Mittelalters und die schmuckreichen Schöpfungen der Renaissance erfreuen sich gleicher Theilnahme. Es ist dies ein kräftiger Beweis von dem idealen Sinn, der trotz aller entgegenströmenden Zeitrichtungen in einer guten Anzahl der französischen Künstler herrscht, und der sie zur Ausführung zeitraubender Arbeiten treibt, in denen nur ihr künstlerischer Ehrgeiz Befriedigung finden kann. Solche idealen Restaurationen sind von jeher phantasievollen Architekten ein Bedürfniss gewesen, weil in den Aufgaben der Praxis selten der künstlerische Genius auch nur annähernd zum vollen Ausdruck seines Wesens gelangen kann; jüngeren Architekten sind derartige Arbeiten zugleich die beste Gelegenheit zur freieren Entfaltung ihrer Kräfte. Wie hoch die Franzosen in diesem Ernst für die Kunst uns überragen, wie wenig wir, wenn wir ganz Deutschland zusammennehmen, ihnen hierin an die Seite zu stellen haben, das dürfen wir wohl in nachdrückliche Erwägung ziehen.

Sehen wir indess einstweilen von dieser idealen Ergänzung ab, welche das praktische Bauschaffen der Franzosen erfährt, um zunächst dem letzteren unsre Aufmerksamkeit zuzuwenden, so werden wir im Ganzen keine volle Befriedigung daraus schöpfen. Was uns schon als Mangel der französischen Plastik auffiel, das wiederholt sich bei Betrachtung ihrer Architektur: es fehlt der echt monumentale Sinn. Welche Unternehmungen hat das zweite Kaiserreich in's Leben gerufen! mit welch beneidenswerther Opulenz haben die offiziellen Architekten in dem unvergleichlichen Pariser Material ihre Entwürfe ausführen können! und Was ist von all diesen Bauten derart, dass man es, wir wollen nicht sagen klassisch, aber doch künstlerisch wohlgelungen nennen könnte? Die Vollendungsbauten des Louvre haben aus allen Schönheiten des alten Baues eben so viele Fehler des neuen gemacht. Die beiden grossen Theater an der Seine zeigen eine Architektur, welche man höchstens einer Schreinerphantasie zu Gute halten kann. Nicht minder unglücklich, dabei völlig würdelos sind die grösseren Kirchenbauten welche in den neuen Stadtvierteln errichtet wurden. Selbst ein Künstler wie Duban hat in dem neuen gegen den Fluss hin liegenden Flügel der Ecole des beaux arts sich nicht auf der Höhe seiner früheren Bauten zu halten vermocht, sondern ein Werk geschaffen, das in seiner gezierten französischen Einfachheit sich von einer gewissen hieratischen Steifheit nicht losmachen kann. Grade diese classizistische Trockenheit ist ein Element, in welches die ernsteren Franzosen leicht verfallen, wenn sie einem excentrischen Modegeschmack zu entfliehen suchen. Einer ähnlichen Opposition verdankt auch jene Richtung der strengen Gothiker ihre Entstehung, welche dem hellenischen Hieratenthume das nicht minder steife des 13. Jahrhunderts entgegensetzen. Denn in dem Bestreben nach Strenge und Würde vermögen sie dem flüssig Lebensvollen, das jeder wahrhaft alterthümliche naturwüchsige Styl enthält, nicht gerecht zu werden, und indem sie das Gebundene einer solchen Formenwelt nachahmen, fallen sie in Unfreiheit, Manier und Ziererei. Nichts lehrreicher in dieser Beziehung, als die neue Kirche in St. Denis, welche der genialste Vertreter des 13. Jahrhunderts, Viollet-le-Duc, eben errichtet hat. Derselbe Künstler, der in seinen Restaurationen und Zeichnungen die Welt des Mittelalters in der ganzen Ursprünglichkeit ihrer sprudelnden Formenfülle vor uns hinzaubert, hat dort ein Werk hingestellt, das alle jene gerügten schlimmen Eigenschaften in erstaunlichem Maasse an sich trägt.

Diesen strengeren Richtungen gegenüber bewegt sich die profane Architektur, namentlich beim Privatbau, mit einer heiteren Ungebundenheit in den Geleisen des Barockstyls und des Rococo, dessen Gesellschaftsformen und Lebensweisheit das Ideal der heutigen französischen Welt geworden sind. Das bekannte „Morgen wieder lustig" weiland König Jerôme's von Westfalen scheint die Devise dieser Gesellschaft und dieser Architektur. Die Kunst folgt dabei, von einem innern naturgemässen Impulse getrieben, dem unvermeidlichen Kulturgesetz, nach welchem sie stets der vollkommene Ausdruck der Sitten und Anschauungen ihrer Zeit ist. Das Aeussere nimmt meistens die etwas trocknen, absichtlich zuweilen finster dreinschauenden Formen der Zeit Ludwigs XIII., oder auch wohl die pompöseren aber etwas freudlosen der Glanzepoche Ludwigs XIV. an, wobei gelegentlich Backstein und Quader sich mischen, — in einer Stadt wie Paris eine wunderliche Spielerei. Aber das Innere gestaltet sich mit dem ganzen koketten Reiz der lustigen Tage Ludwigs XV. in jener behaglichen Eintheilung und Verbindung der Wohnräume, die jene genusssüchtige Zeit geschaffen hat, mit der ganzen zierlichen, bisweilen etwas lüsternen Einrichtung und Ausstattung, welche den Charakter des Rococo ausmacht. Sollen wir uns gegen diese Architektur noch ernsthaft ereifern? Es verlohnte sich nicht der Mühe. Sie entspricht dem Geiste der Gesellschaftskreise, welche sie hervorgerufen haben, und sie trägt für den tiefer Blickenden deutlich die Devise an der Stirn: Après nous le deluge! Und in diesem Style ist das ganze neue Paris durchgeführt. Unter den Tausenden von Häusern, die durch die Umgestaltung der alten Lutetia wie die Pilze aus dem Boden gewachsen sind, findet man keine einzige Façade von künstlerischem Werth und edler Architektur. Aber in den herrlichen Kalksteinquadern ausgeführt, mit reichen aus dem weichen Stein mit kecker Hand herausgeschnittenen Ornamenten, mit zierlichen Eisengittern, die theils im Glanz der Vergoldung strahlen, geben diese Häuserreihen, denen meistens frische Baumpflanzungen einen heitern Gegensatz schaffen, doch einen überwiegend anziehenden lebensfrohen Eindruck, der hauptsächlich auf der Echtheit des Materials und dem flotten Reichthum der Ausstattung beruht.

Um nun zur Ausstellung zurückzukehren, wollen wir auf einige der gediegneren unter den vorhandenen Arbeiten hinweisen, um das Bild der französischen Architektur, die immer noch fast für die ganze Welt ebenso epochemachend ist, wie im 13. Jahrhundert, wo sie Europa mit dem gothischen Styl beschenkte, etwas vollständiger zu zeichnen. In erster Linie sind die schönen Entwürfe *Normand's* für das pompejanische Haus des Prinzen Napoleon zu nennen, wohl die vollkommenste Nachbildung, welche das antike Wohnhaus jemals in neueren Zeiten erfahren hat und besonders durch das Anschmiegen an die Bedürfnisse des modernen Lebens hoch über jenen trocknen und plumpen Versuchen stehend, wie sie in der pompejanischen Villa bei Aschaffenburg zu Tage treten. In demselben klassischen Style sind die Decorationen für den Concertsaal des Conservatoriums der Musik gehalten, welche nach *Chauvin's* Zeichnungen ausgeführt wurden. Auch der Entwurf eines Museums für die Stadt Aix, von *Huot,* sowie das Project zu einer Zeichenschule für Paris, von *Trilhe* bewegen sich in edlen griechischen Formen. Den einfachen französischen Renaissancestyl zeigt das Stadthaus von Elbeuf von *Anger*; auch *Questel* folgt in seinen ausgestellten Arbeiten den Spuren der Renaissance, zum Theil in nobler Fülle wie beim Museum für Grenoble, in andern Bauten dagegen wie im Hôtel der Praefectur zu Grenoble und im Hospize zu Gisors etwas trocken und dabei mit einiger Hinneigung zum Barockstyl. Eine ganz pomphafte überschwängliche Renaissance wendet *Pascal* in dem Entwurf der Treppe zu einem Fürstenschlosse an.

Eins ist allen derartigen Arbeiten der Franzosen gemeinsam: die tüchtige Kenntniss der betreffenden Style und die consequente Durchbildung der Pläne im Geiste derjenigen Formenwelt, die einmal zur Anwendung gebracht wird. Das eminente Nachahmungstalent der Franzosen, ihre hohe Begabung für formelle Vollendung, endlich auch ihr Autoritätssinn tragen zu diesem Resultate gemeinsam bei. Denn von jener Originalitätssucht, die uns Deutschen oft in bedenklicher Weise anhaftet und uns anstachelt, einen individuellen Styl für jeden Kopf zu erfinden, ehe man noch das allgemein Gültige einer bestimmten Bauweise gründlich verstehen gelernt hat, sind die Franzosen frei. Dazu kommt dann noch der ausserordentliche Fleiss, mit welchem sie sich in das Studium der Denkmäler der Vergangenheit vertiefen: ein Fleiss und ein Studium, dem wir nicht entfernt Aehnliches an die Seite zu setzen haben. Schon was man in dieser Hinsicht auf der Ausstellung findet, obwohl es nur einen kleinen Theil des in der Ecole des beaux arts Vorhandenen ausmacht, erregt unsere gerechte Bewunderung. Oft umfasst eine einzige Aufnahme ein Dutzend oder noch mehr Blätter des grössten Formats, in sorgfältigster Weise meistens in Farben ausgeführt. Man sieht zuerst die auf genauen Messungen beruhende Darstellung des wirklichen Zustandes, und dann eine darauf gestützte Restauration der Monumente. So bringt *Ancelet* die Wiederherstellung eines Theils der Via Appia mit ihren mannigfachen Gräberformen, *Baudry* gibt eine Aufnahme der römischen Militärstation Troesmis im untern Moesien, mit einer aus der Vogelschau entworfenen Perspektive der wiederhergestellten Anlage, *Boitte* auf dreizehn Blättern eine Restauration der Akropolis mit den Propyläen von Athen, *Bonnet* behandelt in ähnlicher Weise das Theater zu Pompeji und das daran stossende Forum triangulare mit seinem Tempel, *Guillaume* den Tempel des Augustus und der Roma zu Ancyra, *Joyau* die prachtvollen Tempel von Heliopolis, *Louvet* die Akropolis von Sunium, *Moyaux* das Tabularium, jenes aus den Zeiten der Republik stammende römische Staatsgebäude, das die Fundamente des jetzigen Conservatorenpalastes des Capitols bildet, *Thierry* den Tempel des Herkules zu Tivoli, *Thomas* die Akropolis von Athen und den vom Consul Place in Khorsabad aufgedeckten Palast, *Vaudremer* endlich das Mausoleum Hadrian's, die heutige Engelsburg. Dies sind nur die antiken Denkmäler. Von mittelalterlichen heben wir hervor *Viollet-le-Duc's* meisterhafte Restauration des alten Carcassonne mit seinen einzig dastehenden Befestigungswerken, *Lisch* mit einer ähnlich behandelten Darstellung der Stadt Orleans im Jahr 1428 vor der englischen Belagerung, und *Truchy* mit der unglaublich fleissigen Restauration der Abtei S. Jean des Vignes zu Soissons. Von Renaissancewerken nennen wir nur eins, aber es wiegt viele andre auf, denn es ist *Duban's* herrliche Wiederherstellung des Schlosses zu Blois, dieser Perle aus Franz I. Zeit.

Um indess den Eifer der französischen Architekten nicht zu beschämend für uns in's Licht zu setzen, dürfen wir nicht verschweigen, dass es die Regierung ist, welche in Frankreich durch die grossartigste Unterstützung solche umfassende Arbeiten den Künstlern ermöglicht. Aus derartigen Studien, die häufig mit grösseren wissenschaftlichen Expeditionen zusammenhängen, gehen dann solche Prachtwerke hervor, wie die schon zu Anfang unseres Jahrhunderts begonnene Description de l'Egypte, wie die Kupferbände von Botta und neuerdings von Place über Assyrien, von Texier über Kleinasien und Persien, von Abel Blouet über den Peloponnes, von Renan über Phönizien, von de Vogué über Syrien, über den Tempel von Jerusalem und über die Kirchen des heiligen Landes; ferner wie die Voyage dans l'ancienne France, die mustergültigen Monuments historiques, die Monographieen über die Schlösser von Fontainebleau und Anet, und so viele andere ähnliche Publikationen, an welchen die Wissenschaft und die Kunst gleichen Theil haben. In der Schule solcher Unternehmungen sind auch die zahlreichen vorzüglichen Kupferstecher und Holzschneider für das architektonische Fach gebildet, denen kein anderes Land, einzelne Ausnahmen abgerechnet, ebenbürtige an die Seite zu stellen vermag. Und blicken wir nun nach Deutschland, wie niederschlagend ist dieser Vergleich! Höchstens Preussen kann in seinem ägyptischen Werk von Lepsius und in Salzenberg's Sophienkirche Verwandtes hinstellen, auch dies für einen so grossen Staat viel zu wenig: von den übrigen Staaten wüssten wir kaum Nennenswerthes in dieser Richtung zu erwähnen, wohl aber von mancher Unterlassungssünde zu berichten, selbst wo es sich nur um die zunächst liegenden Denkmäler des eigenen Landes handelte.

In der Reihenfolge der Klassen des Katalogs fortschreitend, hätten wir nun uns zur Abtheilung der Kupferstiche, Lithographieen und Holzschnitte zu wenden. Wie wir aber bei den plastischen Werken schon die Betrachtung der Medaillenarbeit übergehen mussten, weil die Dimensionen und die ganze Einrichtung der Ausstellung einem Studium so kleiner Kunstwerke in hohem Grade ungünstig sind, so verzichten wir auch auf eingehendere Besprechung des weiten Bereiches der vervielfältigenden Künste. Nur der edlen Arbeit des Kupferstechers möge mit einigen Worten gedacht sein, da dieselbe ohnehin schon durch die Ungunst der Zeit und das Ueberhandnehmen anderer Vervielfältigungsarten, namentlich der Photographie, ungebührlich in Schatten gestellt wird. Der Kupferstich spiegelt in der Regel den Geschmack wieder, den eine Nation in den übrigen Künsten, namentlich der Malerei, an den Tag legt. So entspricht es dem Naturalismus der Engländer, dass ihr Kupferstich die strengere Linienmanier nur ausnahmsweise pflegt, dagegen mit Vorliebe der geschabten, gemischten oder Schwarzkunstmanier sich hingibt, und dass Landschaften, Genrebilder, Thierstücke und Portraits die fast ausschliesslichen Gegenstände dieser stark zum Trivialen hinneigenden Technik sind. Von den übrigen Nationen hat im Gegensatz dazu Italien noch einige achtungswerthe Nachkömmlinge seiner grossen stylvollen Stecher, denen die Wiedergabe der Meisterwerke eines Rafael und seiner Zeitgenossen am Herzen lag. Die Schweiz besitzt in *Friedrich Weber* zu Basel einen gediegenen Stecher, der in Werken wie der Vierge au linge und dem schönen Jünglingsportrait nach Rafael, sowie dem kürzlich vollendeten köstlichen Stich nach Holbein's Lais Corinthiaca Vorzügliches leistet. Ihm gegenüber vertritt *Paul Girardet* mit seinen effektvollen Stichen nach Knaus, Brion, Horace Vernet, Paul Delaroche und Gérôme eine mehr moderne Richtung. In demselben Genre bewegt sich mit Erfolg der Däne *Ballin*. Deutschland ist durch die strengeren Kartonstiche von *Thaeter* aus München und *Eichens* aus Berlin, durch *Felsing* von Darmstadt, *Friedrich Wagner* von München, vor Allem aber durch *Mandel's* meisterhaften Stich der Madonna della Sedia und *Joseph Keller* auf's Würdigste vertreten, dessen herrlicher grosser Stich nach der Disputa mit Recht die seltene Auszeichnung der grossen Ehrenmedaille davongetragen hat.

Frankreich übertrifft auch in dieser Kunstgattung alle andern Länder an Zahl und Werth der Leistungen. Wir können es uns nicht versagen, aus der glänzenden Reihe der ausgestellten Arbeiten Einiges hervorzuheben. Zunächst muss die Vielseitigkeit auch in diesem Zweige künstlerischer Thätigkeit überraschen. Nicht bloss der strenge Linienstich, auch die verschiedenen, der mehr malerischen Wiedergabe koloristischer Originale gewidmeten weicheren Behandlungsarten werden mit Meisterschaft gehandhabt. Wer aber glauben sollte, das französische Kunstinteresse sei in einer modernen sinnlichen Richtung untergegangen, der würde besonders durch die grosse Anzahl ernster Arbeiten des Kupferstichs, gediegener Wiedergaben der Meisterwerke klassischer Epochen eines Besseren belehrt werden. Auch für die Pflege dieser edlen Kunst thut die Regierung Bedeutendes, während in Deutschland der Kupferstich, ohnehin beim grösseren Publikum wenig in Gunst, nur dürftig der so nothwendigen Pflege des Staates sich erfreut. Unter den französischen Stechern nennen wir vor Allem *Henriquel* mit der Verlobung der h. Katharina nach Correggio und den Pilgern zu Emmaus nach Paolo Veronese, *François* mit dem meisterhaften Stich nach der Krönung der Jungfrau von Fiesole, *Bertinot* mit dem vorzüglichen Portrait Papst Alexander's VII. nach Velasquez, der Tochter der Herodias nach Luini, dem Selbstportrait van Dyk's und der Madonna mit Donatoren nach demselben Meister, *Martinet* mit dem prachtvollen Stich nach Gallait's Schützengilde vor den Leichnamen von Egmont und Hoorn und der Geburt Mariä nach Murillo, *Flameng* mit trefflichen Arbeiten nach Lionardo, Ingres, Cabanel und Delacroix, *Blanchard* mit einem schönen Stich nach Corregio's Jupiter und Antiope, sowie Blättern nach neueren Meistern, *Poncet* mit einem Stich nach dem edlen Wandgemälde Hippolyte Flandrin's in S. Germain des Prés, Christi Einzug in Jerusalem. Ausserdem haben *Caron*, *Leroy* und *Salmon* schöne Proben der Kupferstiche gebracht, welche zu der von der Verwaltung des Louvremuseums herausgegebenen Sammlung gehören. Ausgezeichnete Stiche von architektonischen Darstellungen haben *Reveil* für das Werk von Revoil über die romanischen Denkmäler Frankreichs, *Soudain* für die Monuments historiques, *Sulpis* für dasselbe von der Regierung veröffentlichte Prachtwerk geliefert. Auch die drei *Guillaumot* sind hier rühmlich hervorzuheben, Alexandre wegen seiner trefflichen Stiche, Eugène und Etienne wegen ihrer vorzüglichen Holzschnitte nach architektonischen Gegenständen. Hierher gehört ferner *Gaucherel* mit einer sorgfältigen Darstellung des Eleutheriuskastens von Tournay.

Neben diese grosse Anzahl ausgezeichneter Arbeiten des Kupferstiches tritt nun aber eine fast nicht minder glänzende Reihe von Schöpfungen eines Kunstzweiges, der in Deutschland heutzutage fast zu den verschollenen gerechnet werden muss, gleichwohl aber zu den feinsten Hervorbringungen malerischer Phantasie und coloristischer Darstellungsweise gehört. Es ist die Radirung in dem Sinne einer nicht etwa bloss copirenden, sondern einer frei schaffenden Kunst, wie sie Rembrandt und so viele andere vorzügliche Meister, namentlich der holländischen Schule, geübt haben. Wie viele Maler besitzen wir in

Deutschland, die es für der Mühe werth hielten, diese anziehende Kunst, die mit den sparsamsten Mitteln die feinsten malerischen Wirkungen erreicht, die den Gedankenspielen, den Eingebungen der Phantasie mit so wundersamer Schmiegsamkeit nachgeht, auch nur ihre Mussestunden zu widmen? In Frankreich hat man den Werth der Radirung ganz anders gewürdigt; eine Reihe ausgezeichneter Künstler pflegt sie mit Liebe, und eine freie Gesellschaft der Aquafortisten hat sich gebildet, um sich darin wetteifernd zu bestärken. Die Ausstellung enthält Radirungen mannichfachster Art, namentlich landschaftliche Darstellungen, aber auch Figurenbilder und malerische Architekturprospekte, die an Kraft der Wirkung, geistreicher Behandlung, Zartheit der Nüancirung bei einfachsten Darstellungsmitteln den gepriesenen Arbeiten der alten grossen Meister nahe kommen. Wir nennen die Pflanzen- und landschaftlichen Studien von *Bléry*, eine schöne Composition von *Chauvel*, mehrere meisterhafte Landschaften von *Daubigny*, darunter eine nach Ruysdael, ein tüchtig behandeltes Blatt nach Bida von Madame *Browne*, eine ganze Reihe schöner Blätter von *Jacque*, sowie die überaus malerisch aufgefassten Architekturbilder von *Lalanne*, darunter eine Ansicht vom Pont S. Michel aus, *Méryon's* Pariser Strassenbilder, *Potémont's* Ansichten aus dem alten Paris und *Rochebrune's* treffliche Veduten der Schlösser zu Ecouen, zu Blois und der Notre dame zu Paris. Wir können von der Umschau in diesem wahrhaft herzerfrischenden Gebiete nicht scheiden, ohne darauf hinzuweisen, wieviel ächte Liebe zur Kunst, wieviel inniges Verständniss und Lust am Schaffen sich darin kundgibt, wenn eine so grosse Anzahl von Künstlern, die zum Theil als Maler ihre vollwichtige Bedeutung haben, ihre Freude darin findet, einen Darstellungszweig, der lange vernachlässigt gewesen ist und noch jetzt nur in der kleinen stillen Gemeinde der Kunstsinnigen geschätzt wird, mit solch hingebender Treue zu pflegen, um auch darin den Vorbildern der grossen Alten nachzueifern. Es gehört dies zu der Reihe der Erscheinungen, welche den Beweis liefern, dass die Franzosen nicht ganz so leichtfertig und oberflächlich sind, wie wir uns so gern einbilden, namentlich aber dass sie tüchtig zu arbeiten verstehen.

Unsre Betrachtung der künstlerischen Leistungen hat uns zu dem Ergebniss geführt, dass in fast allen Zweigen der bildenden Künste die Franzosen den übrigen Nationen weit überlegen sind. Es spricht sich in dieser Superiorität vielleicht nicht so sehr eine eminente Naturanlage — obwohl auch diese selbstverständlich vorhanden sein muss, wo solche Erfolge vorliegen — als vielmehr die Thatsache aus, welche der Kultur der Franzosen alle Ehre macht: dass die Kunst dort der ganzen Nation am Herzen liegt, dass ihre Schöpfungen einen Gegenstand des wärmsten Interesses bilden, und dass vor allen Dingen seit mehr als drei Jahrhunderten, mindestens seit den Tagen Franz I. nicht etwa bloss die Herrscher die Kunst als einen angemessenen Luxus gepflegt haben, sondern dass mit richtigem Blick alle Regierungen, so verschieden sie sonst sein mochten, das Gedeihen der Kunst im Interesse des nationalen Wohles, der Ehre und der Blüthe des Landes als eine Angelegenheit des Staates aufgefasst und demgemäss gefördert haben. Der Same, der in solcher Weise für rein ideale Zwecke ausgestreut wurde, ist üppig aufgegangen und hat dem Wohlstande der Nation tausendfache Früchte getragen. Die Freude am Schönen, der Sinn für das Gefällige, Anmuthige, mit einem Wort der gute Geschmack hat sich durch alle Klassen des Volkes verbreitet, und die dem Franzosen angeborne Begabung für formales Gestalten auf eine solche Höhe gesteigert, dass sie immer mehr die tonangebende Nation in Sachen des Geschmacks geworden sind. Das Feld, auf welchem diese Herrschaft sich in breitester Weise entfaltet hat, ist die Kunstindustrie in allen ihren vielseitigen Verzweigungen. Wenn wir uns nun zur Betrachtung der wichtigsten und hervorragendsten Gattungen derselben wenden, so werden wir uns nicht mehr wundern dürfen, dass auch hier fast überall die Franzosen an der Spitze stehen. Sowohl durch Geschmack und Vielseitigkeit der Erfindung wie durch glänzende Technik in der Ausführung sind sie allen Andern überlegen. Dazu kommt ein Reichthum und eine Fülle in ihrer Ausstellung, sowie eine Geschicklichkeit in der Anordnung, die zusammen einen wahrhaft sinnebethörenden Eindruck hervorbringen. Freilich ist nicht zu verkennen, dass die Tendenz der Franzosen überwiegend auf Hervorbringung von Prachtstücken ersten Ranges abzielt, und dass daneben bisweilen in den Produkten, welche der grossen Masse mässig begüterter Kreise dienen sollen, das eigentlich künstlerische Prinzip nicht genügend betont wird. Doch so lange auch in diesen Arbeiten die übrigen Länder meist immer noch um eine oder mehrere Stufen tiefer stehen als die Franzosen, haben diese für die Alleinherrschaft ihrer Kunstindustrie nichts zu fürchten.

Beginnen wir mit den Leistungen der Juweliere. Diese edle Kunst hat stets in nächster Verbindung mit den bildenden Künsten, mit Plastik und Malerei gestanden und sie verleugnet auch jetzt ihre Verwandtschaft nicht. Die französischen Schmucksachen sind in einer Beziehung denen aller übrigen Völker überlegen: in der freiesten Verwendung aller geeigneten Stoffe, in der geschmackvollen Verbindung zierlicher Gold- und Silberfassung mit Brillanten, farbigen Edelsteinen, Perlen und Emaillen. Aus diesen blitzenden, schimmernden, funkelnden Elementen weiss sie in der mannichfachsten Zusammenstellung Werke zu erzeugen, in denen die höchste Leichtigkeit, der freieste Schwung sich mit anmuthiger Pracht verbinden. Unvergleichlich in Geschmack und Reichthum der Combinationen sind namentlich die Diademe von Brillanten, an den Spitzen ihrer Zacken mit grossen Perlen besetzt. Bewundernswürdiger aber, geradezu unbegreifliche Triumphe der Technik muss man die zierlichen Kolibri's, die Miniaturpfauen, die einzelnen Federn oder Blätter zartester Farrenkräuter nennen, die ihre Zeichnung und ihr Farbenspiel einer Unzahl kleiner farbiger Edelsteine und Brillanten verdanken, eine Art kostbarster Mosaik, die gleichwohl den leichtesten Schwung der Bewegung wieder zu geben weiss. Man darf diese Richtung der Juwelierarbeit als eine wesentlich malerische bezeichnen.

Ihr gegenüber tritt die einzige von gleicher Berechtigung und ebenbürtigem Kunstwerth, die römische, als eine rein plastische. *Castellani* ist es, der ihr durch freie Nachbildung antiker Arbeiten, namentlich der herrlichen Schmucksachen aus etruskischen Gräbern, das besondere künstlerische Gepräge verliehen hat. Seine ausgestellten Werke bleiben in ihrer Art unerreicht unter den modernen Schmuckgegenständen. Diese Behandlung stützt sich auf die unendliche Plastizität, die Dehnbarkeit und Schmiegsamkeit des Goldes, das sie mit feinster Filigranarbeit bedeckt und durch elegant gezeichnete kleinere Glieder, namentlich frei schwebende, zu beleben versteht. Damit verbindet sie gelegentlich Kameen von bewundernswürdig edler Form, so dass die Kunst des Steinschneiders mit der des Goldschmiedes ganz wie im Alterthum Hand in Hand geht. Auch in goldenen Kränzen, bei denen das Lorbeerblatt eine wiederum den antiken Mustern abgesehene stylvolle Behandlung sowohl in Zeichnung des einzelnen als auch in der Zusammensetzung zeigt, leistet die römische Juwelierkunst Unübertreffliches. Nicht minder edel ist in diesem Geschmack der Ehrendegen durchgeführt, welcher dem Kaiser Napoleon für seine Theilnahme an der Befreiung Italiens geschenkt wurde. Wohl hat die fremdländische Juwelierkunst es versucht, die römischen Arbeiten nachzuahmen; sie zu erreichen ist ihr aber nirgends gelungen. Auch die neapolitanische bewegt sich in ähnlicher Linie, folgt denselben antiken Prinzipien, fügt aber den einer Seestadt naheliegenden Schmuck der Korallen hinzu, welche entweder in freierem natürlichen Wuchs oder ebenfalls nach Art der Kameen geschnitten angewendet werden. Auch diese Gattung hat einen entschieden plastischen Charakter. Interessant ist in derselben Abtheilung die Ausstellung von Schmucksachen des italienischen Landvolkes, die den Beweis liefert, wie sehr ein edler Formensinn jener begabten Nation angeboren sein muss. Von den übrigen Nationen ist nicht viel Bemerkenswerthes hervorzuheben. Die Engländer, bei denen die Ausstellung von *Hancock* hervorragt, gefallen sich noch immer in einer schweren, massenhaften Verwendung des Goldes. Obwohl manches Gute zu finden ist, muss dies Prinzip als solches doch verworfen werden, denn das wahre Stylgesetz verlangt, dass jedes Material nach den in ihm liegenden Eigenschaften behandelt werde. Die vornehmste Eigenschaft der edlen Metalle liegt aber in ihrer gefügigen Bildsamkeit und elastischen Dehnbarkeit; wo diese Eigenschaft nicht hervorgelockt wird, sondern in der schweren bloss stofflich prahlenden Masse latent bleibt, da ist das Stylgesetz nicht erkannt. Aehnlicher Art sind in der Schweizer Abtheilung die Sachen von Genf, doch wird dort in Goldketten manches Gediegene in schöner Form geschaffen.

Ein anziehend nationales Element kommt im Silberschmuck Norwegens zu Tage, der reizende Armbänder, Kronen, Ketten, Haarnadeln, Kämme, Tuchnadeln, aber auch Schaalen, Körbchen und Dosen aus der feinsten Filigranarbeit zusammenwebt. In den zierlichen Mustern derselben klingt ein vielleicht auf alter Tradition beruhender, durch Byzanz vermittelter orientalischer Einfluss nach. Derselbe Einfluss schlägt noch kräftigere Töne an in den Schmucksachen Russlands. Die Goldsachen mit gravirtem Rankenornament, die schönen Silberniellen mit ihrer in dunkler Masse eingelegten Zeichnung, die emaillirten Tuladosen, das alles gehört entschieden ins Gebiet orientalischer Technik und Formgebung. Reihen wir daran die ernstprächtigen Silbergefässe mit Goldarabesken oder auch mit dunkel emaillirten Ornamenten, mit denen hie und da sich Emailschmuck verbindet, so sind wir unvermerkt auf ein nahe verwandtes Gebiet hinübergestreift, das der eigentlichen **Gold- und Silberschmiedekunst**.

Diese Kunst, die schon im Alterthum die grössten Meister der Plastik beschäftigte, und für welche in der Renaissance-Epoche ebenfalls die berühmtesten Künstler arbeiteten, hat namentlich bei den Franzosen auch heute die vorzüglichsten Leistungen aufzuweisen. Wahre Kunstwerke sind die getriebenen ebenso geistreich erfundenen als schön modellirten und ciselirten Silbergefässe der Gebrüder *Fannière*. Sie schliessen sich im Gesammtcharakter den besten Arbeiten der Renaissance an, die allein in solchen Schöpfungen mit dem uns aus der Antike Erhaltenen wetteifern kann. Es versteht sich, dass alle diese edlen Werke in mattem oxydirtem Silber ausgeführt sind, denn nichts widerstrebt einer künstlerischen Wirkung so gründlich, als der grelle kalte Glanz des polirten Silbers, der nicht bloss jede Einzelform, sei sie Ornament oder figürliches Beiwerk, vernichtet, sondern durch die falschen Reflexe selbst den ruhigen Wohllaut der besten Gesammtform überschreit. Wo der prahlerische Blechstyl des blanken Silbergeschirrs herrscht, da zwingt er vielmehr, um die Reflexlichter möglichst zu steigern, zu einer möglichst gebrochenen Führung der Umrisse und der ganzen plastischen Modellirung, wobei dann der Barockstyl mit allen seinen plumpen Ungezogenheiten offene Bahn findet. Zu den prachtvollsten Leistungen eines reineren Geschmacks gehört der grosse Tafelaufsatz der Stadt Paris, welchen die Orfèvrerie *Christofle* ausgestellt hat.

Die Engländer, die wohl den grössten Silberluxus treiben, haben erst in neuerer Zeit durch Gewinnung französischer Künstler den Styl ihrer Tafelaufsätze veredelt. Ausgezeichnete Arbeiten von der Hand

Morel Ladeuil's hat Elkington & Co. ausgestellt, namentlich grosse getriebene Vasen und Schilde im besten Renaissancestyl. Auch der prachtvolle Tafelaufsatz der englischen Freiwilligen, der als Jahrespreis bei den Festen paradirt, gehört hierher, obwohl seine Ausführung die Erfindung übertrifft. Mit Erfolg concurrirt auch die Firma Hunt und Roskell, deren Erzeugnisse ebenfalls die Hand eines französischen Künstlers, *Vechte*, verrathen. Ausserdem sind nur noch von Berlin die Arbeiten von *Sy* und *Wagner* zu nennen, die namentlich den schönen trefflich stylisirten silbernen Schild ausgestellt haben, welchen die Rheinprovinz dem kronprinzlichen Paar zur Vermählung geschenkt hat.

Wenn bei der Arbeit in edlen Metallen die Versuchung nahe liegt, dem rohen stofflichen Prunk den künstlerischen Werth aufzuopfern, so hat dagegen die Bronze den Vorzug, dass sie nur durch die Behandlung den Anspruch auf Gleichberechtigung machen kann. Dass die Franzosen in jeder Art der Bronzebehandlung Meister sind und die ganze Welt abhängig von dieser ihrer schönen Industrie gemacht haben, ist allgemein bekannt. Wer irgend Sinn für edel geformtes Bronzegeräth oder für plastische Werke in diesem Material hat, weiss die Namen *Barbedienne* und *Susse* zu schätzen, deren Magazine zum Sehenswerthesten gehören, was Paris in seinen industriellen Schaustellungen dem Fremden bietet. Aber zu diesen älteren Firmen haben sich manche jüngere gesellt, die nicht minder Treffliches leisten. Wenn irgendwo, so kommt hierbei den Franzosen ihr ausgebildetes Gefühl für die Form, ihr Sinn für technische Vollendung zu Statten. Sie wissen die Bronze meisterlich zu behandeln, ihr einen gedämpften matten Ton zu geben, der zugleich in voller Klarheit jede leise Nüance des Linienspiels hervortreten lässt. Besonders schön behandeln sie bei plastischen Figuren das Nackte, so dass ein fast malerischer Reiz in Nachahmung des weichen Duftes der menschlichen Hautoberfläche gewonnen wird. Auch die Alten waren bekanntlich im Besitz mancher Kunstmittel, durch die sie ihren Bronzen verschiedenartige Färbung, der Grundstimmung der einzelnen Werke entsprechend, zu geben verstanden. Neuerdings ist nach dem Vorgange mittelalterlicher Arbeiten auch das Email vielfach zum Schmuck von Bronzesachen zugezogen worden. Die Fülle der ausgestellten Bronzen ist überaus gross. Nicht bloss zierliche Gefässe und Geräthe, Vasen, Becher, Kandelaber und dergleichen, in denen meist antike Motive befolgt werden, sondern auch unzählige Nachbildungen von älteren oder neueren Sculpturwerken sind vorhanden. Man sieht hier wieder, wie die Kunst in Frankreich dem allgemeinen Interesse nahe gerückt ist, da kein irgend erhebliches Sculpturwerk geschaffen wird, das nicht sofort in verschiedener Grösse nachgebildet würde. Was die übrigen Länder in Bronzearbeiten leisten, ist daneben kaum der Rede werth. Höchstens Preussen kann sich mit der Nachbildung des Friedrichsdenkmals sehen lassen, obwohl die Bronze an einem dunklen unschönen Tone leidet.

Ebenso wie bei den Bronzearbeiten hat Frankreich im Porzellan die unbestrittene Herrschaft. Wenn irgendwo so hat hierin die Hülfe des Staates die glänzendsten Folgen gehabt, denn die darauf verwandten Summen werden dem Lande mit Wucherzinsen zurückerstattet. Als man neuerdings in Oesterreich die kaiserliche Porzellanmanufaktur aufhob, machten die Finanzmänner geltend, es sei ein Grundsatz der Nationalökonomie, dass der Staat nicht selbst Produzent sein, nicht der Privatindustrie Concurrenz bereiten dürfe. Es war dies ein gründliches Verkennen solcher Institute. Eine Porzellanmanufaktur in den Händen des Staats soll in erster Linie eine Kunstanstalt, kein bloss industrielles Unternehmen sein; sie soll der künstlerischen Auffassung die in der Regel nur vom Staate zu gewährenden Hülfsmittel bieten, und dadurch der gesammten Privatindustrie emporhelfen statt sie zu schädigen. Man muss die prachtvolle Ausstellung von Sèvres, man muss daneben die zahlreichen Leistungen von Privatfabriken sehen, um zu erkennen, welche Höhe Frankreich in künstlerischer Behandlung, in Feinheit des technischen Verfahrens, in Anwendung plastischer und malerischer Dekoration, endlich in steter Vervollkommnung und Vervielfältigung der Darstellungsmittel behauptet.

Den Franzosen zunächst stellen sich die Engländer, die in den letzten Jahren bedeutende Fortschritte gemacht haben und ohnehin in ihrem *Wedgwood* eine Spezialität besitzen. Daneben haben *Copeland* und *Minton* nicht minder reich beigesteuert, so dass an Ausdehnung und Gehalt die englische Abtheilung der französischen wenig nachsteht. Nur geht das englische Porzellan im Ganzen auf eine kräftigere Form und derbere Masse aus, so dass es selbst in Frankreich neben dem einheimischen Produkt sich einen ansehnlichen Markt zu verschaffen gewusst hat. Aber weder an Pracht noch an feinem Styl der Behandlung oder an Geschmack künstlerischer Ausschmückung kann es sich dem französischen vergleichen. Höchst bedeutend ist dagegen die Steingutfabrikation, überaus mannigfaltig und reich an tüchtiger Formbildung. Auch die Fayencen sind wie in Frankreich vortrefflich vertreten, und ganz herrlich in Zeichnung und Farbenwirkung finden wir die Bodenfliesen und die für die Bekleidung von Wänden bestimmten Muster, deren eine grosse Anzahl vorhanden ist.

Ganz vorzüglich, den besten alten Werken mit Erfolg nacheifernd, sind die Majoliken Italiens, das namentlich an den Erzeugnissen aus der Fabrik des Marchese *Ginori* einen schönen Beitrag zu seiner werthvollen Ausstellung besitzt. Gering dagegen an Zahl, wenn auch nicht an Werth sind die von der Berliner königlichen Porzellanmanufaktur beigesteuerten Gegenstände, die übrigens in Form und Dekoration entschiedene Fortschritte gegen früher bekunden, und namentlich in der plastischen Behandlung Treffliches leisten. Nur schade, dass in der tonangebenden Berliner Kunst, der Architektur, meistens eine eigenthümliche Steifheit herrscht, die dem Formgesetz des Porzellans, das flüssigeren Linienzug, mehr Heiterkeit und Anmuth verlangt, nicht immer gerecht zu werden vermag. Meissen geht überwiegend in den Geleisen des Rococo, das freilich in seinen graziösen und originellen Schöpfungen den eigentlichen Porzellanstyl am feinsten getroffen hat, heute aber einer Auffrischung und Umgestaltung bedarf, die es nicht vom streng klassischen Style Griechenlands erwarten darf. Petersburg bringt vorzügliche Arbeiten nach französischen Vorbildern. Etwas Eigenthümliches sind die Gefässe in Purpurine, einem herrlich leuchtenden Roth, welche die Petersburger Glasmanufaktur ausstellt, und die wir hier anschliessen. So auch die Glasgefässe mit schön stylisirten Goldornamenten nach orientalischen Mustern. Als etwas spezifisch Russisches mögen noch die Prachtvasen in Malachit und in Onyxen vom Kaukasus, die Gefässe aus Obsidian und Lapis lazuli Erwähnung finden.

Wir dürfen hier im Allgemeinen wohl auf einen Zug hinweisen, der in der modernen Gefässbildnerei — wie in den meisten anderen Zweigen kunstgewerblichen Schaffens — vielfach hervortritt: den Mangel jenes festen Stylgefühls, das jedem Material die durch seine Eigenschaften geforderte Form zu Theil werden lässt, ohne ihm jemals eine aus fremden Gebieten entlehnte Gestaltung aufzudrängen. Wie sicher treffen die Griechen sowohl für die Gesammtform wie für das schmückende Beiwerk das Bildungsgesetz ihrer Thonvasen! Wie genau unterscheidet sich davon die Gestalt der Bronzewerke; davon wieder die der massenhafteren Marmorvasen und endlich der zierlich getriebenen Silbergefässe! Uns ist noch immer die Form zu sehr etwas Abstraktes, Allgemeingültiges, während sie jedesmal das bestimmte Resultat der Eigenschaften und Behandlungsweise des Stoffes sowie der Anforderungen praktischer Brauchbarkeit sein sollte. Gerade die bedeutenden Fortschritte der Naturwissenschaften, die uns ungemessene Reiche der Stoffwelt und ihrer Bearbeitungsarten erschlossen und unser ästhetisches Formgefühl so weit überflügelt haben, bringen uns häufig dahin, auf allerlei schwierige technische Kunststücke uns zu capriciren und das Material zu wunderlichen Verkleidungen und Verzerrungen zu zwingen. So kommt es namentlich beim Porzellan, aber auch sonst im ganzen kunstgewerblichen Schaffen häufig vor, dass man mit dem gegebenen Stoffe den Schein eines anderen, ja eines geringeren Materiales künstlich hervorzubringen sucht und sich wunders viel auf solche Virtuosenstücke zu Gute thut. Das ist es, was wir „Flöteblasen auf der Geige" nennen.

Eines der wichtigsten Kunstgewerbe ist die Möbelfabrikation. Sie hängt auf's Engste mit der höheren Kunst zusammen, denn von der Architektur entlehnt sie Aufbau und Construktion ihrer Werke, und durch die Sculptur und Malerei gewinnt sie die Mittel, sie schmuckreicher zu gestalten. Die Ausstellung weist einen grossen Reichthum an Möbeln auf, meistens freilich Prachtstücke, an denen die Technik ihre Triumphe zur Schau stellt, weniger jene einfacheren, auch mässigen Ansprüchen erreichbaren Ausstattungen bürgerlicher Wohnräume, in welchen der Geschmack und die künstlerische Kultur einer Zeit am sichersten zu erkennen sind. Was diese bescheidneren Möbel betrifft, so fallen sie heutzutage zu sehr in die Kategorie der fabrikmässigen Produktion, die mit ihrer lieb- und freudlosen Dutzendarbeit weder künstlerisch noch überhaupt nur behaglich wirken kann. Es wäre daher wohl wünschenswerth, dass etwas mehr von dem künstlerischen Aufwand, der in jenen Meisterstücken des Möbelluxus bis zum Ueberschwange herrscht, den einfacheren Arbeiten zu Gute käme. Im Uebrigen wollen wir den Werth einer auf die Spitze getriebenen technischen Virtuosität nicht gering schätzen, denn grade in solchen Prachtwerken können das künstlerische Selbstgefühl und der Wetteifer am ersten ihre Befriedigung und den Sporn zu weiterem Streben finden.

Im Allgemeinen ist auch hier bald zu merken, dass Frankreich wieder als Führer für das übrige Europa auftritt. Der Styl seiner Möbel, die Art ihres Aufbaues und ihrer Ausstattung ist fast allen andern Völkern massgebend. Nur Italien weiss sich eine selbständige Richtung von bedeutendem künstlerischen Werth zu bewahren. Die französischen Möbel, und mit ihnen die meisten übrigen, zeigen in ihrer gesammten stylistischen Fassung, dass die verschiedensten architektonischen Tendenzen in der Gegenwart sich durchkreuzen. Eine grosse Anzahl schliesst sich den reichen Formen der Renaissance an, die in einer gewissen Kraft der Hauptlinien, namentlich der Gesimse und in voller Anwendung plastisch geschnitzten Ornaments ihren Ausdruck findet. Eine andre Richtung, die am meisten dem modischen Geschmacke huldigt, kehrt bei den dünnen, zierlichen Formen des Rococo ein, dessen mehr spielende, malerische Ausstattung sie mit allen Mitteln einer raffinirten Technik nachahmt, die aber gelegentlich bis in die trockne Nüchternheit des mit vergoldeten Bronzen beschlagenen Mobiliars aus der spätesten, schon wieder zur Umkehr sich wendenden Zopfzeit ausartet. Dazu gesellt sich als dritte Gattung seit einiger Zeit eine ziemlich dürftige klassizistische oder neugriechische Behandlung, die aber die Mängel des ihr verwandten oben geschilderten Architekturstyles an sich trägt. Dass diejenigen Möbel die schönsten sind, welche am meisten den Renaissanceformen sich nähern und durch den klaren Ton und die schöne natürliche Maser des Holzes, durch kräftige architektonische Gliederung, durch angemessene plastische Dekoration (die nur manchmal in's Naturalistische fällt) sich auszeichnen, bedarf kaum der Erwähnung. Allerdings wird im Aufbau Manches verfehlt, und das Ganze zu sehr als architektonisches Werk hingestellt, indem der Holzstyl sich nicht vollständig von den Vorbildern der strengen Architektur zu befreien vermag. Gerade in dem sicheren Umbilden der Formen des Steinbaues für die besondern Erfordernisse und das besondere Material liegt der Schwerpunkt alles technischen Schaffens. - Ebenso führt die neuere Sitte, das Ebenholz oder andre ganz dunkel gebeizte Holzarten anzuwenden, häufig zu einem Verkennen des wahren Möbelstyls und lässt bei völligem Verzichten auf die eigenartige Textur des Holzes das Möbel wie ein aus Stein oder Metall construirtes Werk erscheinen. Immerhin ist aber eine Anzahl von Arbeiten, grossen prachtvollen Schränken, Büffets, Bettladen, Toiletten, Bibliotheken und dergleichen vorhanden, die stylvoll entworfen und geschmackvoll mit glänzender Technik ausgeführt sind.

Neben den französischen Arbeiten können als charakteristisch selbständige Werke nur die italienischen genannt werden. Sie halten unbeirrt fest an den edlen Formen der Renaissance und wissen durch verschiedene Mittel der Decoration, durch malerische: buntfarbige eingelegte Hölzer (Intarsia) oder durch plastische: kräftig geschnitzte Reliefs, das Ganze gefällig und reich zu schmücken. Dabei haben sie in der Regel einen besseren Aufbau und eine richtigere stylgemässere Gliederung als die häufig gar zu architektonisch dreinschauenden französischen Möbel. Besonders in dem glücklichen Auseinanderhalten der Intarsia und der Plastik, die beide in der Regel einander ausschliessen, oder doch in fein abgewogener Weise zusammen verwendet werden müssen, zeigen die Italiener ein sicheres Kunstgefühl. Vorzügliches in Büffets, Pulten, Consolen, Rahmen, Medaillons in kräftiger Schnitzarbeit sieht man von *Pietro Giusti;* ebenso in dem reichen, edlen Styl des 16. Jahrhunderts gediegene Arbeiten aus Nussbaum von *Ferri* und *Bartolozzi* in Siena, welches aus den Zeiten des Peruzzi und der beiden Barile manch treffliches Vorbild dieser schönen Gattung besitzt. Andere Arbeiten, so z. B. ein prachtvoller Schrank von *Scotti* in Mailand, sind in Ebenholz ausgeführt und durch eingelegtes Elfenbein geschmückt, das dann durch schwarz eingravirtes Ornament und Figuren — eine Art Sgraffito — einen eleganten Schmuck erhält. Auch dafür ist die köstliche Arabeskenwelt der Renaissance das Vorbild. Hierher gehören auch die weltbekannten Prachtarbeiten der Florentiner in bunt eingelegtem Holzmosaik und in der glänzenden pietra dura. Namentlich Tische mit den schönsten Ornamenten sind in stattlicher Zahl vorhanden.

Aehnliche, aber minder stylvolle Verwendung buntfarbiger kostbarer Steine macht auch Russland in einigen prächtigen, aber zum Theil geschmacklosen Möbeln. Es sind ein paar Schränke aus Ebenholz in zopfiger Form, mit vergoldeten Bronzen beschlagen, mit eingelassenen Flächen von Lapis lazuli und Reliefgruppen von Früchten und Blumen, aus kostbaren Steinarten ganz naturalistisch, obwohl in ihrer Art unvergleichlich ausgeführt.

Wir sehen uns genöthigt abzubrechen, obwohl wir recht gut wissen, dass mit den kurzen vorstehenden Bemerkungen das unermessliche Gebiet der Kunstindustrie, das den Gesammteindruck der Ausstellung bestimmt, nicht entfernt erschöpft ist. Auf Manches wäre ausserdem noch aufmerksam zu machen. Die prachtvollen Glas- und Krystallwaaren von Frankreich, England und Oesterreich; die Gobelins von Paris und die aus fast allen Industrieländern ausgestellten Teppiche, die einen Gesammtaufschwung der Kunstweberei bekunden; die belgischen Spitzen und die Weissstickereien der Schweiz; im Einzelnen sodann die Prachtstoffe in den verschiedenen orientalischen Abtheilungen, aus Indien die holzgeschnitzten Möbel, die Elfenbeinkästchen mit feinster Mosaik, die geschnitzten Elfenbeinsachen, sowie die prachtvollen Shawls; endlich auch die bescheidenen aber originellen in Holz geschnitzten Geräthe, Löffel, Gabeln, Kästchen aller Art, Dosen, Becher, in welchen die norwegische Landschaft Thelemarken einen uralten Holzstyl handhabt, und wie vieles Andere wäre zu besprechen. Alein wir müssen uns bescheiden, um schliesslich noch mit einigen Worten der Abtheilung, welche man Histoire du travail genannt hat, zu gedenken.

Die Histoire du travail, für die der innerste Ring des Ausstellungsgebäudes bestimmt ist, welcher unmittelbar an die Kunstabtheilung grenzt, umfasst eine Uebersicht aller verschiedenen Hervorbringungen des Kunsthandwerks früherer Zeiten. Sie soll also die geschichtliche Basis bilden, auf welcher sich die heutige Kunstindustrie in ganzer Breite erhebt. Der Plan an sich muss als ein glücklicher bezeichnet werden, aber die Ausführung ist in vereinzelten Bruchstücken stecken geblieben. Manche Länder, die glänzende Schätze hätten beisteuern können, haben diese Abtheilung gar nicht beschickt; so Preussen, das allein aus den alten Kirchenschätzen zu Aachen, Köln, Essen, Osnabrück, Halberstadt eine prachtvolle Uebersicht des mittelalterlichen Kunstgewerbes hätte schaffen können; so Bayern, dem ebenfalls reiche Quellen dafür zu Gebote stehen; auch Oesterreich hat nur Weniges aus seinen fast unermesslich reichen Sammlungen geschickt. Wohl mögen gerade bei der Sendung solcher Gegenstände, die meistens noch im Besitze einzelner Kirchen, Domcapitel oder anderer Corporationen sind, sich ungewöhnliche Schwierigkeiten erhoben haben; aber Frankreich wenigstens hat dieselben zu besiegen gewusst. Auch England ist nicht zurückgeblieben, und von den übrigen Staaten sind Norwegen, Spanien und Württemberg mit Ehren zu nennen. Letzteres hat aus seiner Sammlung vaterländischer Alterthümer eine Anzahl von Gegenständen beigesteuert, unter welchen namentlich die für Deutschland, speciell für die schwäbische Kunst so charakteristische Arbeit der holzgeschnitzten, vergoldeten und bemalten Altäre ihre Vertretung gefunden hat. Allerdings war diese Abtheilung während unsrer Anwesenheit noch nicht zur Aufstellung gelangt; auch die übrigen Länder waren noch mit der Anordnung ihrer Beiträge zur histoire du travail beschäftigt, und selbst in der französischen Ausstellung langten täglich neue Sendungen an. Bei dieser Sachlage und da obendrein von Katalogisirung noch nirgends die Rede war, wird es hoffentlich Nachsicht finden, wenn wir uns auf vereinzelte kurze Andeutungen über diese in mancher Hinsicht interessante Partie der Ausstellung beschränken.

Beginnen wir mit Oesterreich, das in schön eingelegten Waffen, sowie in einer Uebersicht seines alten trefflichen Porzellans werthvolle Beiträge zur Geschichte der Arbeit geliefert hat. Auch die ungarischen Schmucksachen mit Emaileinlagen in höchst eigenthümlichem auf orientalischen Einwirkungen beruhendem Styl sind sehr merkwürdig. Diese Behandlungsweise, die dort bis in's 17. Jahrhundert die Juwelierkunst beherrscht hat, beweist, wie tief der wohl in früheren Zeiten durch Byzanz vermittelte Einfluss des Orients bei diesem asiatischen

Volke Wurzel geschlagen hatte. Die Thatsache ist um so beachtenswerther, als sie eine Illustration zu ähnlichen Beobachtungen bildet, welche wir in der Geschichte der Künste machen. Während nämlich in den Kleinkünsten Byzanz bis nach Ungarn hinein seine Herrschaft behauptete, findet sich bekanntlich in der monumentalen Kunst des Landes, in Architektur und Plastik keine Spur der gleichen Hinneigung; vielmehr ist in der grossen Kunst Ungarn das ganze Mittelalter hindurch von Deutschland abhängig geblieben. Aehnliches lässt sich für das frühe Mittelalter auch in manchen andern Ländern, namentlich in Deutschland selbst nachweisen, wo die Architektur mit den Schwesterkünsten ihren eignen Weg ging, während die durch Schenkung und Handel überallhin gelangenden Werke der Kleinkünste, der Elfenbeinschnitzerei, der Goldschmiedarbeit, der Miniaturmalerei, sich grossentheils an byzantinische Vorbilder anlehnten.

Von den übrigen Ländern heben wir Norwegen mit Beispielen seiner hochalterthümlichen Holzschnitzerei an Kirchenportalen und Mobiliargegenständen hervor. Dieser Styl in seiner flachen Behandlung verschlungener Band- und Flechtwerke, die mit Drachengestalten und andern seltsamen Phantasiegebilden sich verbinden, erinnert an dieselbe nordisch bizarre Ornamentik, die zuerst in den irischen und angelsächsischen Miniaturen auftaucht und ein ganz neues, zuerst noch barockabenteuerliches Element in die Kunstgeschichte hineinwirft: den phantastischen, ins Ungeheuerliche greifenden Geist der nordischen Völker, der in der bildenden Kunst später zu kühnem Humor, freilich auch oft ins Fratzenhafte sich steigern — seine höchste künstlerische Verklärung aber erst im Reiche der Poesie, in den genialen Blitzen eines Shakespeare gewinnen sollte.

Weiterhin interessirt Spanien durch reich gestickte Kirchengewänder aus spätmittelalterlicher Zeit, sowie durch prachtvolle Goldschmiedarbeiten derselben Epoche, die in ihrer dekorativen Ueberschwänglichkeit grade in Spanien, wo Maurisches in christlich Mittelalterliches hineindrang und mit den ersten Regungen der Renaissance zu einem wunderbar reichen, blendend überladenen Mischstyl zusammenfloss, ihre höchsten Triumphe feiert. Ging doch selbst in die Architektur jener Epoche die Bezeichnung des „platoresken Styles" aus der Goldschmiedekunst über. Aus Portugal wird ein üppiges Renaissancewerk in der

Nachbildung der Kanzel von Santa Cruz zu Coimbra vorgeführt, eine jener Prachtschöpfungen aus der Zeit Don Manuel's I., jener Glanzepoche Portugals, der einzigen Periode, in welcher die damals durch ihre berühmten Seefahrer und Entdecker zur Grossmacht emporgehobene Nation eine Kunstblüthe erlebt hat.

England hat mancherlei ausgestellt, doch ohne eigentlichen Zusammenhang. Nur die bedeutende Auswahl seiner Geschirre in Prachtmetallen gibt einen für die Nation charakteristischen Totaleindruck.

Das einzige Land, welches planmässig und systematisch auch diesen Theil der Ausstellung zu einem möglichst vollständigen Ueberblick seiner gesammten kunstgewerblichen Leistungen aus allen Epochen der Vergangenheit gestaltet hat, ist wieder Frankreich. Es beginnt mit Alterthümern der gallischen und römischen Zeit und gibt z. B. eine vollständige Uebersicht seiner Münzen aus jener Epoche. Daran reiht sich eine nicht minder interessante Zusammenstellung der merowingischen Münzen, beide Reihenfolgen durch historische Notizen erläutert und durch eine an einem Kettchen befestigte Loupe der eingehenderen Würdigung zugänglich gemacht. Das frühe Mittelalter ist sodann durch zahlreiche Elfenbeinschnitzereien theils byzantinischen theils romanischen Styles vertreten. Eine der wichtigsten und reichsten Abtheilungen bilden aber die Reliquiarien aus romanischer Epoche, unter denen der grosse Reliquienkasten von Troyes als ein Prachtstück ersten Ranges hervorragt. Der Charakter der romanischen Goldschmiedarbeit beruht darauf, dass bei diesen Gehäusen, die aus Metallblechen über einem hölzernen Kern bestehen, die Ornamente und figürlichen Darstellungen in getriebener Arbeit von Edelsteinen eingefasst werden und mit dekorativen und figürlichen Emailmalereien abwechseln. Grade in dieser Emailarbeit haben die altfranzösischen Goldschmiede Vorzügliches geleistet. Oesterreich aber hätte vielleicht alles Derartige verdunkelt, wenn es bloss seinen Altaraufsatz von Kloster-Neuburg geschickt hätte, und auch das übrige Deutschland würde den französischen Werken manches Ebenbürtige, ja in Hinsicht der reicheren plastischen Dekoration selbst Ueberlegene an die Seite setzen können.

Einen Umschwung ins mehr Architektonische nimmt die Goldschmiedekunst der gothischen Epoche, für welche das prächtige Reliquiarium von S. Evreux als schönstes Beispiel beigebracht worden ist.

Die Kasten, bisher wie einfache Häuser gestaltet, entwickeln sich zu Duodeznachbildungen von Kirchen, an denen die scharfe Gliederung der Gothik mit ihren Strebepfeilern und Bögen, ihren Fialen und Tabernakeln, ihren Fenstern und Wimpergen in feiner Durchführung wiedergegeben wird.. Wohl verbindet sich damit die Plastik, allein die Malerei tritt zurück, und das Email kommt fast in Vergessenheit. Aber die Renaissance zieht dasselbe wieder hervor und bringt es zu einer Verwendung von solcher Fülle und künstlerischen Bedeutung, dass alles Frühere dagegen wie schüchterne Anfänge zurücktreten muss. Es versteht sich, dass wir die Fayencen meinen, die zuerst durch die Italiener, die Robbia, dann durch die Franzosen, einen Bernard Palissy und die Meister von Limoges, diesem alten Sitz der Emailmalerei, zur glänzenden Ausbildung gelangten. Wenn man weiss, welche Summen die heutige Liebhaberei für Erzeugnisse dieser Kunst verwendet, so muss man staunen über die imposante Anzahl von Werken dieser Art, welche die Ausstellung vereinigt. Nur durch die dankenswerthe Bereitwilligkeit der Besitzer, unter denen meist die Namen der hohen Finanzwelt hervorstechen, ist es möglich gewesen, eine solche Masse des Schönen und Interessanten zusammen zu bringen. Heben wir endlich noch die alten Gobelins, die Porzellansachen, die holzgeschnitzten Prachtmöbel hervor, so haben wir wenigstens eine Andeutung von dem mannigfachen Inhalt auch dieser Abtheilung gegeben.

Wir stehen am Ziele unserer Umschau. So mancher Lücken und Mängel wir uns dabei bewusst sind, so glauben wir wenigstens nach Unparteilichkeit und möglichst objektiver Darstellung gewissenhaft gestrebt zu haben. Ist im Wesentlichen das Bild, welches wir von der Weltausstellung in ihren künstlerischen Haupttheilen entrollt haben, ein richtiges, so wird es uns gestattet sein, auch die allgemeinen Resultate, auf welche dasselbe hinweist, schliesslich zusammen zu fassen.

Auf fast allen Gebieten der Kunst und des Kunstgewerbes haben wir die Franzosen an der Spitze gefunden. Ihre Ueberlegenheit ist vielfach eine so hervorragende, dass kaum ein Nebeneinanderstellen mit andern Völkern möglich wird. Um nun von den idealen Wirkungen der Kunst zu schweigen, die sich bei allen Denkenden von selbst verstehen, möchten wir nur auf die unermesslichen Vortheile hinweisen, welche sie in materieller Hinsicht mit sich führt. Wir haben schon angedeutet, wie ungeheure Summen dem französischen Wohlstand aus den Produkten seiner zahlreichen Kunstindustrieen zufliessen. Soll bei uns die Kunst eine ähnliche segensreiche Wirkung äussern, so ist wohl die dringendste Aufgabe die, sie mehr mit dem Leben zu verbinden, ihr die breite und gesunde Basis des Handwerks wieder zu geben. Das ist freilich leichter gesagt als gethan. Die Hindernisse sind grade bei uns in Deutschland sehr gewichtige. So viel steht aber fest: wenn wir in dem alten Geleise schwächlich weiter schleichen, so wird es dahin kommen, dass nicht nur eine für die Kunst so wenig begabte Nation wie die englische, sondern auch eine seither von uns über die Achsel angesehene, deren eminentes Talent aber bis jetzt nur geschlummert hat, wir meinen die italienische, uns bald überflügelt haben wird.

Sehen wir uns nach den Hindernissen um, welche einer gesunden Gesammtentfaltung von Kunst und Kunsthandwerk in Deutschland entgegenstehen, so ist in erster Linie die veraltete Einrichtung unserer Kunstacademien zu nennen. Entstanden in einer Zeit, welche die Kunst so abstrakt wie möglich auffasste, ihr nothwendiges Hervorwachsen aus dem Volksgeiste und den nationalen Lebensbedürfnissen verkannte, sind diese Anstalten in einem Sinn eingerichtet worden, der ihnen die frische Einwirkung auf die Gestaltung einer naturwüchsigen Kunst unmöglich macht. Dass also diese Anstalten reformirt werden müssen, ist eine Forderung, der man sich nicht länger wird verschliessen dürfen. Schon ist England durch Begründung seines Kensington-Museums vorangegangen, dessen Sammlungen mit der den Engländern eigenen Grossartigkeit der Mittel ausgestattet sind. Oesterreich hat sich dieser Bewegung mit dem Museum für Kunst und Industrie angeschlossen, welches wie sein englisches Vorbild den Sammlungen durch cyklische Vorträge diejenige allgemeine Nutzbarkeit gibt, ohne die auch die kostbarsten Museen grade für die der Lehre Bedürftigen todtes Kapital sind. In Deutschland hat die von Kreling mit Einsicht geleitete Nürnberger Kunstschule den richtigen Weg eingeschlagen und mit Erfolg festgehalten. Ebenso sind in Württemberg durch die Fortbildungsschulen, von deren Leistungen glänzende Zeugnisse sich in der Ausstellung befinden, vortreffliche Anfänge in dieser Richtung gemacht worden. Wir haben vor allen Dingen darauf zu sehen, dass die bildnerische Kraft, die in unserem Volke lebt, nicht bloss in die engen Bahnen der höheren Kunst, sondern auch in die breite Fahrstrasse des gewerblichen Schaffens gelenkt werden. Mit einem Wort: wir sollen nicht aus jeder bildnerischen Begabung mit aller Gewalt invita Minerva einen Künstler pressen wollen, sondern müssen den jungen Talenten in jener freieren Weise eine gediegene technische Ausbildung ermöglichen, welche sie, wo das Zeug zu einem Künstler höheren Ranges nicht ausreicht, noch immer zu tüchtigen Dekorateuren, Musterzeichnern, Modelleuren u. s. w. sich entwickeln lässt. Wie viele von den Genossen Albrecht Dürers aus der Werkstatt Wohlgemuths sind geschickte Zimmermaler, Anstreicher, Holzschnitzer geworden, während nur der Eine die höchsten Ziele der Kunst erreichte! Was für Aufträge zur Bemalung von Wappen und Fahnen, selbst zum Anstreichen von Thüren, Fensterläden und Zaunpfählen hat nicht Lucas Kranach übernommen und durch seine Gesellen ausführen lassen, von denen kein Einziger ein Apelles oder Rafael geworden ist! Aber wie blühte in jener Zeit die Kunst und das Kunstgewerbe! Waren es nicht deutsche Arbeiter, von denen man die prachtvollen Schränke fertigen liess, die noch jetzt unsere Bewunderung erregen; waren es nicht Deutsche, welche die besten Medaillen lieferten, die feinsten Schnitzereien in Elfenbein, Bux und Speckstein ausführten; waren es nicht deutsche Harnischmeister aus Innsbruck, welche an den französischen Hof berufen wurden, und die nicht bloss für Franz I., seine Prinzen und Grossen, sondern auch für den englischen Hof jene prachtvollen Rüstungen fertigten, die man lange Zeit für italienische Meisterwerke halten zu müssen meinte? Nicht die künstlerische Begabung unseres Volkes ist seitdem versiegt; sie sprudelt noch in ebenso reicher Fülle aus tausend Quellen hervor. Aber die rechte Pflege fehlt zum Gedeihen, und wenn wir zu den früheren Grundsätzen in der künstlerischen Ausbildung zurückkehren, werden wir uns wieder zu allgemeiner Bedeutung erheben. Kämpfen wir vor

Allem gegen den verkehrten Hochmuth, der da meint, ein mittelmässiger Altarbildermaler sei etwas Edleres als ein trefflicher Musterzeichner; lassen wir die Ueberzeugung überall in Fleisch und Blut eindringen, dass ein vorzüglich gearbeiteter Thürklopfer mehr werth ist, als eine schlecht modellirte Madonna.

Aber wir müssen noch tiefer greifen, um allen kunstfeindlichen Elementen auf die Spur zu kommen. Nicht den Einrichtungen allein haben wir die Schuld zu geben; wir müssen uns selbst, unsere Gewohnheiten, Sitten und Anschauungen anklagen. In Frankreich, wo alle künstlerischen Kräfte und die bedeutendsten kunstgewerblichen Institute sich auf einen Punkt zusammendrängen, findet eine Wechselwirkung derselben unter sich und mit dem Publikum statt, die eine höchste Steigerung durch Wetteifer und jede Art lebendiger Gemeinsamkeit hervorruft. Welcher Auszeichnungen, welcher materiellen Erfolge darf dort jedes bedeutende Talent sicher sein! Die französische Nation ist in diesem einen Punkte die gebildetste der europäischen Völkerfamilie, dass sie mehr als irgend eine andre die Gleichberechtigung des Genies mit den durch Geburt oder Reichthum hervorragenden Kreisen anerkennt. In Deutschland sind wir noch nicht so weit. Zunächst ist zuzugeben, dass wie schon bemerkt durch die Theilung in eine Anzahl selbständiger Staaten uns jene Concentration, welche die höchste Reibung der Geister schafft, erschwert wird. Aber was so viele Vorzüge in unsrer individuellen Entwicklung mit sich führt, sollte das nicht auch in seinen Nachtheilen zu bekämpfen sein? Wir haben einer grösseren Gemeinsamkeit für die Gebiete geistigen Schaffens schon das Wort geredet. Die Interessen der Kunst mahnen laut und dringend dazu. Was ein einzelner kleinerer Staat für sich nicht durchzuführen vermag, das kann durch Zusammengeben mehrerer recht gut erreicht werden.

Schlimmer ist aber, dass wir, wollen wir ehrlich gegen uns sein, bekennen müssen, noch weit von jenem lebendigen, alle Klassen der Gesellschaft, alle Schichten des Volks durchdringenden Gemeingefühl für das künstlerische Schaffen entfernt zu sein, welches bei den Franzosen einer der mächtigsten Hebel für die Entwicklung der Kunst geworden ist. Wir Deutsche rühmen uns, ein idealistisch gesinntes Volk zu sein. Wie aber pflegen wir die idealen Interessen? Wie hoch stellen sich im Budget unsrer gebildeten und besitzenden Stände die Ausgaben für künstlerische und literarische Zwecke, im Vergleich mit dem Aufwand für materielle Genüsse? Wird nicht für frivole Zwecke und flüchtigen Sinnenreiz von den Meisten wohl das Zehnfache, wo nicht mehr, der Summe verschwendet, welche etwa zur Anschaffung von Büchern oder Kupferstichen — ganz zu schweigen von Gemälden oder gar Sculpturen — ausgesetzt ist? Wie viele Häuser wohlhabender, ja reicher Familien können wir durchwandern, ohne auf eine ordentliche Bibliothek, ohne auf ein gutes Bild oder auch nur einen gediegenen Kupferstich zu treffen! Dieselbe Summe, welche oft an einem Abende für die Zeche im Wein- oder Bierhause aufgeht, für ein Werk der Kunst oder ein Buch auszugeben, scheint der Mehrzahl solcher Gebildeten gar zu viel verlangt. Gewiss sind diese Zustände, deren Wahrheit kein Kundiger in Abrede stellen wird, im Süden Deutschlands wohl stärker ausgeprägt als im Norden, was schon die Statistik des Buch- und Kunsthandels herausstellt; aber so lange sie überhaupt in unsrem Vaterlande noch herrschen, so lange wir in materiellem Genussleben so verdumpft und verstumpft bleiben, dürfen wir uns nicht einer idealen Gesinnung rühmen. Wie soll aber die Kunst bei uns zu einer gesunden Blüthe gedeihen, so lange selbst die Mehrzahl der Gebildeten sie nicht als eins der edelsten Bedürfnisse, sondern als einen Luxus betrachtet, und zwar als einen Luxus, der erst nach der Befriedigung aller andern trivialeren Luxusbedürfnisse an die Reihe kommt? Nur aus dem allgemeinen Verlangen eines Volkes, nur aus einer innigen, in allen Schichten einer Nation eingewurzelten Freude am Schönen wächst eine grosse ächte Kunst empor, die mit tausend Armen und Zweigen das Land weithin segensreich bedeckt und mit Früchten überschüttet.

Wir haben uns nur zu sehr daran gewöhnt, wo Etwas ins Werk zu setzen ist, Alles von unsern Regierungen und unsern Fürsten zu erwarten. Selbst Hand anzulegen, mit frischem Sinn die Initiative zu ergreifen, das fällt uns fast niemals bei; hintendrein aber gehört es oft gerade zu den Zeichen starker Gesinnung, über das, was etwa von oben her geschaffen wird, eine zersetzende Kritik zu üben. Diese wohlfeile Art, sich an den öffentlichen Dingen zu betheiligen, setzt nur freilich wenig ins Werk und vermag wohl die Freude am Geschaffenen zu verkümmern, aber selbst nichts Grosses ins Leben zu rufen. Welch Beispiel gibt uns dagegen die Schweiz, wo in allen Kreisen der Bevölkerung so viel Gemeinsinn herrscht, dass Jeder nach Kräften freiwillig zu öffentlichen Unternehmungen beiträgt; wo in neuerer Zeit auch für künstlerische Zwecke so viel geschehen ist, dass Gebäude der Staatsverwaltung, des Unterrichts oder des Kultus zum Theil aus freiwilligen Beiträgen reichen künstlerischen Schmuck erhalten haben, wenn sie nicht etwa ganz aus Privatmitteln hergestellt worden sind! Nun hat unser Bericht nicht verhehlt, dass wir ein kräftigeres Eingreifen des Staates in die Pflege der Kunst auch unsererseits für sehr wünschenswerth halten; aber um so nachdrücklicher müssen wir schliesslich noch einmal einprägen: dass jeder Einzelne berufen ist, am Gedeihen der Kunst mitzuwirken, und dass wir erst dann den unsrer reichen Begabung entsprechenden Rang unter den künstlerischen Nationen einnehmen werden, wenn die getrennten Stämme unseres Volkes jenes allgemeine thätige Zusammenwirken in freudigem Wetteifer einigt, aus welchem allein eine grosse lebenskräftige Kunst emporblüht.

Und nun zu guter Letzt noch ein Wort. Wir haben unparteiisch das grosse Uebergewicht der Franzosen in den meisten Zweigen der bildenden Künste und der Kunstgewerbe anerkannt, selbst auf die Gefahr hin, eines Mangels an Patriotismus geziehen zu werden in einer Zeit, wo die nationalen Gegensätze zwischen Deutschland und Frankreich sich wieder einmal drohend geschärft hatten. Während wir in der Ausstellung unsre Studien machten, zogen jene unheilverkündenden Wolken am politischen Himmel herauf, die einen verderblichen Krieg als fast unvermeidlich zu prophezeien schienen. Es waren Tage, in welchen es dem Deutschen schwer gemacht wurde, ein unbefangenes, vollends ein wohlwollendes Urtheil über französisches Wesen sich zu bewahren. Allein unser Volk ist viel zu reich an geistigen Gütern, als dass es ängstlich befürchten müsste, durch freudiges Lob anderer Nationen sich selbst herabzudrücken. An Tiefe und Adel des Gedankenlebens und der Empfindungswelt, wie sie in den Werken unsrer Philosophen, Geschichtschreiber, Dichter, unsrer grossen Künstler, nicht zu vergessen der unvergleichlichen Meister unsrer Musik sich offenbaren, dürfen wir keinem der modernen Völker weichen. Wieviel die

Schlusswort.

Franzosen von uns lernen können, wissen ihre Besten recht gut. Wenn also die Wahrheitsliebe uns zwingt, die deutschen Schwächen einzugestehen und darauf hinzuweisen, wo wir unsrerseits von den Franzosen zu lernen haben, um unsre reichen Anlagen zur vollen Reife zu bringen, so wollen wir dabei nicht vergessen zu betonen, dass die Kulturvölker Europa's in innigem Wechselverhältniss zu einander stehen, wo Jeder zu geben, Jeder zu empfangen hat. Sollten jemals wieder Stimmen sich erheben, um den Samen des Misstrauens und der Zwietracht zwischen Frankreich und Deutschland auszustreuen, so hoffen wir, dass es hüben wie drüben nicht an einer geschlossenen Phalanx denkender Männer fehlen werde, die ein solches Beginnen im Keim zu ersticken wissen, damit die grosse Kulturarbeit, an welcher alle gebildeten Völker in wechselseitigem Wirken betheiligt sind, zum Wohl der Menschheit in Frieden gedeihe.